아홉 살 독서 수업

부모가 알아야 할 초등 저학년 독서의 모든 것

아홉 살 독서 수업

한미화(어린이책 평론가) 지음

어크로스

'아홉 살 독서 수업'이라니! 코르네이 추콥스키의 《두 살에서 다섯 살까지》라는 책제목을 접했을 때만큼이나 아찔한 감동이다. 이런 전문성과 자신감이 배어 있는 제목은 아무나 붙일 수 있는 게 아니지 않은가.

일곱 살에서 아홉 살. 독서에 폭풍이 이는 시기이자 어른으로서 아이 독서에 힘을 발휘할 마지막 기회일지 모르기에 누구든 이 시기를 놓치고 싶어 하지 않는다. 단순히 책을 추천하거나 방법만을 나열해 놓은 책이 아니다. 오랜 세월 아이와 책을 함께 연구한 전문가답게 아이와 책, 어른과 아이 사이를 자유롭게 오가며 아이를 책으로 이끌고 싶어 하는 이들의 고민을 풀어준다. 오랜만에 자신 있게 추천할 수 있는 책을 만나 기쁘고 감사하다.

─백화현(독서운동가)

아홉 살 즈음이 되면, 읽고 싶은 책은 오직 만화책이고 책 속의 글과 그림을 탐하던 고사리손은 유튜브를 클릭하기에 바쁜 손이 되어버리곤 한다. 안타까워하는 부모님들께 "사서의 딸도 똑같습니다!" 하는 위로의 말을 건네면서도 만족스러운 조언을 해주지 못했다.

《아홉 살 독서 수업》은 사서인 내가 자주 듣던, 부모님들이 가장 궁금해하는 질문이 그대로 목차로 구성되어 있다. 거기에 어린이책 전문가의 맞춤한 조언이 가미되니 무릎을 치며 단숨에 읽게 된다. 아이들이 다시 책을 손에 잡기를, 그래서 책의 시민으로 살아가기를 원한다면 이 책부터 읽어보기를 권한다. 아이들이 읽으면 좋을 책 소개 글은 어찌나 맛깔스러운지, 미처 몰랐던 책들이 읽고 싶어 당장 서가로 달려가고 싶게 만든다.

─이선화(고양시 가좌도서관장)

아이에게 책을 읽혀야 한다는 부담감을 축복으로 바꾸어주는 책입니다. '평생 읽어달라는 아이는 없다'는 문장을 읽으면서 아직 자녀가 없는 저도 생각에 잠기게 되었습니다. 피곤하고 지친 하루, 이대로 누워 쉬고 싶지만 책 들고 와서 읽어달라는 아이의 반짝이는 눈에 다시금 몸을 일으킬 부모님들을 떠올려봅니다. 더불어 아이의 독서생활이 어른이 되어서까지의 즐거운 쾌락독서, 몰입독서로 연결될 수 있도록 준비된 세심한 코너들이 돋보입니다. 챕터가 끝날 때마다 보석같이 박혀 있는 책 소개는 당장이라도 서점에 달려가고 싶은 맘에 불을 지릅니다.

《아홉 살 독서 수업》은 '이런 책을 사서 읽혀야겠다.'라는 마음을 '내가 먼저 읽어봐야겠다.'라는 마음으로 바꿔줍니다. 여러 학부모님들과 함께 읽고 싶습니다.

– 김여진(당서초등학교 교사. '좋아서 하는 그림책 연구회' 운영진)

아이들이 자라 학년이 올라가면서 공부해야 할 것이 많아지면 가장 뒤로 밀리는 것이 독서다. 하지만 읽기 능력은 단시간에 쌓을 수 있는 것도 아니고, 꾸준히 읽지 않으면 그 또한 쉽게 사라질 수 있다는 사실을 내가 가르치는 학생들과 내 아이들을 보며 실감하게 됐다.

《아홉 살 독서 수업》을 보면서 독서교육을 하며 느낀 현실적인 고민에 대한 답을 얻을 수 있었고 우리 아이들을 평생 책 읽는 사람으로, 읽는 즐거움이 무엇인지 아는 사람으로 성장시키기 위해 교사로서 부모로서 내가 해야 할 일이 무엇인지 보다 확실히 알게 되었다. 아이를 둔 동료 교사들에게도 꼭 추천하고 싶은 책이다.

– 백자영(간재울중학교 국어교사. 초4, 초2 학부모)

아이의 '읽기 독립'을
꿈꾸는 부모들에게

아이는 저녁밥을 먹을 때마다 "엄마는 오늘 어땠어? 재미난 일이 있었어?" 하고 물었다. 일하다 말고 집으로 뛰어와 거짓말 조금 보태서 10분 만에 저녁상을 차린 나는 재미는커녕 정신이 없을 때가 많았다. 그때마다 궁여지책으로 책에서 읽은 재미난 이야기를 들려주었다. 어떤 책이든 뭔가 인상 깊은 대목, 웃음 나는 에피소드란 꼭 있기 마련이니까.

소설가 김연수의 에세이에서 읽은 구절을 들려준 적도 있었다. 작가가 삼청동에서 자취하던 대학생 시절의 일이었다. "김연수 작가가 밤에 자취방으로 가다가 너무 목이 말랐대. 그래서 삼청약수 알지? 엄마랑 갔었잖아. 거기서 약수를 떠 마시는데 갑자기 귀신이 나타났대!" "정말이야? 그래서 어떻게 됐어?"(혹 책을 읽은 분은 알겠지만 귀신인 줄 알았던 사람은 그 동네에 살던 가수 전인권 씨였다!) 이렇게 책에서 만난 이야기를 들려주고 나면 아이는 "그 책 이름이 뭐야?" 하고 물었다. 그러다 그 책을 따라 읽곤 했다. 책 읽으라는 소리보다 책이 재미있어 보여야 하고 읽고 싶어져야 한다는 걸 그때 알았다.

현장에서 만난 부모나 교사가 이구동성으로 원하는 건 '읽을 만한 어린이책 목록'이었다. 그래서 원래는 저학년 도서를 소개하는 책을 쓰려고 했다. 그런데 막상 시작하고 보니 목록만 제시하는 건 아이를 무턱대고 학원에 보내라는 것과 다르지 않아 보였다.

같은 책이라도 어떤 아이는 좋아하고 또 다른 아이는 좋아하지 않을 수 있다. 아이들이 무언가를 좋아하게 되는 데는 이유가 있기 때문이다. 부모들이 내 아이가 재미있게 읽은 책이라고 손꼽는 목록을 보면 흥미롭게도 전문가 평점이 높지 않은 책이 늘 포함된다. 이유는 간단하다. 부모와 아이가 그 책을 어떻게 읽었나가 재미를 좌우하기 때문이다. 다시 말해 어린 시절의 읽기는 책 자체보다 책을 둘러싼 환경과 경험에 더 많은 영향을 받는다. 어떤 책이건 부모가 감정을 살려 읽어주면 아이들은 즐거워한다. 이렇게 기억에 남는 책들이 하나둘 쌓여가면 아이는 책을 좋아하게 된다.

《아홉 살 독서 수업》은 이제 막 스스로 읽기를 시작한 7~9세 아이들의 독서가 즐거운 경험이 되기 위해 어떻게 해야 할지를 고민하는 책이다. "아이가 책을 읽기는 하는데 줄거리를 말하지 못해요."라거나 "필독서가 싫대요."처럼 곤란한 상황에 처한 부모의 질문에 답하는 책이기도 하다. 나아가 본질적으로 저학년 아이들이 왜 읽기를 어려워하는지, 어떻게 읽기 훈련을 해야 하는지, 읽기에 흥미를 느낄 수 있는 법은 무엇인지 이야기한다. 또 "만화책만 봐서 큰일이에요!", "왜 아이들은 무서운 책을 좋아하죠?"처럼 부모가 이해할 수 없는 저학년 독서의 특징에 관해서도 설명했다. 읽기에 관한 아이들의 내적 동기를 이해하면 조바심이나 걱정을 조금은 덜 수 있다고 믿기 때문이다. 더불어 부모와 교사에게 실질적으로 필요한, 저학년이 읽을 만한 책들을 원고가 끝날 때마다 따로 소개했다. 어떻게 책을 읽을지, 아이들이 어떤 지점을 좋아하는지 등 활용법도 덧붙였다.

이렇듯 저학년 읽기를 강조하는 건, 숙련된 독자가 되려면 이 시기가 특히 중요하기 때문이다. 인류는 말하고 듣고 보는 능력은 타고났다. 반면 읽기는 다르다. 초등학교 내내 읽기 연습을 통해 읽는 사람으로 길러진다. 이 시기에 읽기 훈련이 충분히 이뤄지지 않으면 안타깝게도 평생 가벼운 읽기를 벗어나지 못한다. 한데 지금의 아이들은 글을 제대로 배우기도 전에 보고 듣는 디지털 미디어로 빠르게 옮겨간다. 충분히 읽기를 배운 어른들조차 스마트폰이나 스크린을 훑어보는 데 길들면 천천히 깊이 읽는 것이 어렵지 않던가. 읽기를 배워야 할 아이들이 오로지 스크린에 익숙해지면 읽기는 어렵고 귀찮은 일이 되어버린다. 이처럼 읽기의 디폴트값이 달라졌지만 부모들은 글을 배우면 읽기는 저절로 따라오는 것으로 여긴다. 그래서 《아홉 살 독서 수업》에서는 독서이탈이 가속화되기에 역설적으로 저학년의 읽기에 더 많은 관심과 노력이 필요하다는 걸 강조했다.

아홉 살 독서 수업

열 살 미만의 아이들이 읽기를 배울 때 중요한 것이 무엇일까. 다독이나 속독 혹은 고전 읽기처럼 읽는 방법만이 아니다. 옆집 아이가 읽은 책의 목록만도 아니다. 오로지 부모와 아이가, 교사와 아이가 책을 통해 서로 만들어내는 공동의 관심과 이 속에서 빚어지는 즐거움이다. 읽기를 시작하는 저학년 아이들이 서둘러 고전이나 명작처럼 수준 높은 책을 읽어야 할 필요는 없다. 아이가 지금 읽는 책이 부모의 눈에 유치해 보여도 조바심내지 말자. 읽기를 시작할 때 누구나 이런 과정을 거치며 서서히 고급한 독서가로 성장한다.

부모들이 그토록 원하는 '읽기 독립'에 이르려면 책 읽기가 즐거워야 한다. 그래야 자발적 읽기로 나아갈 수 있다. 아이가 언제쯤 되어야 알아서 읽을지 답답하고, 좀처럼 진전이 없어 보일 수 있다. 하지만 즐겁게 꾸준히 읽는다면 아이의 읽기는 자란다. 한 발만 떨어져서 믿고 지지한다면 세상의 모든 어린이들은 성큼성큼 제 속도로 성장해 간다.

차례

3부
책 읽기가 이토록 쓸모 있을 줄이야

4부
어린이책으로 들여다보는 아이의 속마음

1부

조급한 부모가
아이를
책과 멀어지게 한다

1

읽기는 학교 가기 전에 떼야 한다?

일곱 살 조카가 내 얼굴을 그리고 나서 날짜와 자기 이름을 써서 내민다. 특징을 쏙 잡아낸 아이 특유의 그림도 맘에 들거니와 힘주어 쓴 글씨를 보니 저절로 칭찬이 나왔다. 칭찬이 듣기 좋았는지 조카는 보란 듯이 내 앞에서 제 이름을 읽어내렸다.

대략 일곱 살이 되면 많은 아이들이 한글을 읽고 쓸 줄 안다. 대부분의 부모들이 초등학교에 입학하기 전에는 한글을 떼야 한다고 생각한다. 읽기와 쓰기를 다져놔야 학교 공부가 수월할 테니 말이다. 한글 떼기는 가장 중요한 입학 준비인 셈이다. 심지어 네 살부터 한글을 가르치는 부모도 있다. 전집으로 된 한글 교재나 학습지를 판매하는 사람들은 입을 모아 네 살이 되면 한글을 가르쳐야 한다고 말한다. 일찍 한글을 배워야 그만큼 빨리 읽기를 시작할 수 있고, 그래야 아이의 어휘력이 풍부해져 책을 많이 읽게 된다는 것이다. 하나같이 아이의 읽기를 강조한다.

아이가 글을 배우기 전에는 부모가 책을 읽어주었다. 아이는 부모 품에서 재미난 이야기를 무궁무진하게 들을 수 있었다. 책은 아이에게 즐거운 놀이였다. 그런데 이렇듯 아이의 읽기를 강조하며 한글을 가르치고 나면 사정이 달라진다. 부모는 아이에게 혼자 읽으라고 하거나 그림책 말고 동화책을 권한다. 이제 아이에게 읽기는 혼자 해야 하는 힘들고 어려운 일이 되어버린다. 막 한글을 뗀 아이는 제대로 읽는 연습을 시작해야 하지만, 역설적으로 빠르게 독서이탈이 시작된다.

조급한 읽기독립은 독서이탈의 완벽한 조건

국내에 출간되어 많은 독서교육 관련자들에게 이론적 근거를 마련해준 책이 있다. 미국 터프츠대 교수 매리언 울프가 뇌과학 그리고 독서의 역사에 관한 방대한 연구를 바탕으로 쓴 《책 읽는 뇌》다. 매리언 울프 교수는 이 책에서 읽기가 인간의 본능이 아니라 애써 만들어진 능력이며 서서히 발전한다고 주장한다. 그에 따르면 아이가 글을 익히고 책을 읽을 수 있는 적정한 시기가 있다. 특히 만 5세 이전에는 신경세포 간의 연결이 충분하지 않아 스스로 책을 읽을 만큼 뇌가 발달하지 못한다. 일곱 살 이전에 글을 가르치는 것은 바람직하지 않다는 것이 그의 결론이다.

인간은 듣고 보는 능력을 타고난다. 말하기도 마찬가지다. 아이들마다 편차는 있지만 두 돌이 지나면 말을 배우기 시작한다. 이는 우리 유전자 속에 이런 능력이 프로그래밍되어 있기 때문이다. 반면 읽기는 본능이 아니라 후천적으로 학습해야 하는 능력이다.

인간의 뇌, 특히 아이들의 뇌는 가소성可塑性이 높다. 여기서 '소塑' 자는 '흙을 빚는다'는 뜻이다. 인간의 뇌는 다양한 환경에 적응할 수 있는 잠재력을 갖고 있지만 점차 필요한 능력만 남기고 나머지는 버리는 전략을 취한다. 마치 진흙 반죽 같다. 처음에는 말랑말랑한 진흙을 빚어 얼마든지 원하는 모양을 만들 수 있다. 하지만 시간이 지나면 딱딱해진 진흙 모형을 수정할 수 없듯 뇌도 굳어버린다.

인간은 완성된 뇌를 가지고 태어나는 것이 아니다. 자라며 많은 상호작용과 반복을 통해 뇌가 완성된다. 아이가 글을 읽을 줄 안다고 단번에 '읽는 뇌'가 만들어지지 않는다. 시간 가는 줄 모르고 책을 읽을 만큼 '읽는 뇌'가 성장하려면 훈련이 필요하다. 부모가 원하는 독서독립에 이르려면 시간이 필요하다. 스스로 책을 읽고 충분히 정보를 받아들이고 논리적으로 사고하는 진정한 독서에 이르려면 12세 무렵은 되어야 한다.

요즘 아이들은 이른바 디지털 네이티브 세대다. 책보다 스마트폰이 더 친숙하고 유튜브로 모든 걸 즐길 수 있는 세대다. 가뜩이나 왜 책을 읽어야 하는지 알지 못하는 데다 영상을 보는 것에 길들여지니 점점 더 읽는 일이 낯설고 힘들다. 당장 초등학교에 입학하면 어려움이 시작된다. 엄마들은 이구동성으로 아이가 수학 문제를 풀지 못한다며 한숨을 쉰다. 연산 실력이 떨어져서 그런 것이 아니다. 스토리텔링 수학 때문이다. 문장으로 제시된 수학 문제를 이해하지 못해 문제를 풀지 못한다. 학년이 올라갈수록 문제는 더욱 심각해진다. 문해력이 부족해 제시문을 읽어내지 못하는 것이다.

자발성 없는 반복독서의 위험

최근 인기를 끈 어떤 책에서 독서력이 낮은 아이에게 내용을 이해할 수 없는 어려운 책을 반복해서 읽히는 법을 제시한 적이 있다. 사실 반복독서는 아주 오래된 독서방법론이다. 우리 선조들은 한 권의 책을 소리 내어 수십 수백 번씩 읽었다. 반복해서 읽는 동안 처음에는 몰랐던 깊은 의미를 스스로 깨우칠 수 있다. 주변에도 톨스토이나 도스토옙스키의 고전을 일생 동안 반복해서 읽는 사람들이 있다. 나이가 들고 경험이 쌓일수록 젊을 때 보지 못했던 것을 발견하고 알아가는 좋은 방법이다.

하지만 자발성 없는 반복독서는 아이를 책과 더 멀어지게 하거나 사춘기 아이와 부모 사이에 골을 더 깊게 만들 위험도 있다. 사실 초등 저학년 아이들은 부모가 강요하지 않아도 알아서 반복독서를 한다. 좋아하는 책을 여러 번 읽어달라고 조르거나 글을 읽지 못해도 책장을 넘겨가며 그림이라도 반복해서 본다. 반복보다 중요한 것은 좋아하는 마음이다. 나는 독서교육이 마치 시험을 앞두고 벼락치기를 하듯 극약처방이 아니라 즐거운 경험이 되어야 평생을 갈 수 있다고 믿는다.

지속적인 관심이 읽기 능력을 키운다

독서교육에서 부모가 할 일이 있다면 어릴 때는 물론이고 독서 독립에 이르기까지 아이의 읽기에 지속적인 관심을 두는 것이다. 그리고 책 읽기가 아이에게 즐거운 추억과 경험으로 남을 수 있도록 돕는 일이다. 그러기 위해 부모가 하지 말아야 할 일이 하나 있다. '아이가 이제 혼자 읽을 줄 아니까 알아서 읽겠지.' 하고 뒤로 물러서는 일이다. 아이는 그저 한글을 읽는 법을 배웠을 뿐이다. 결코 아이의 읽기에서 손을 떼서는 안 된다. 하지만 생각보다 많은 부모가 아이가 글자를 익히고 나면 읽기에 수수방관한다. 그사이 아이들은 읽기를 배우자마자 읽기로부터 멀어지고 있다.

과거처럼 독서 외에는 별다른 취미가 없는 시대가 아니다. 어릴 때 부모와 아이가 책으로 맺어온 관계는 아이의 읽기가 능숙해지고 스스로 책 읽기의 즐거움을 발견할 때까지 이어져야 한다. 그래서 글을 배우기 시작하는 7~8세 시기는 독서독립을 준비하는 원년이다. 이때부터 10대 초중반까지 아이가 어떤 방식으로 책을 만났고, 책과 어떤 경험을 쌓았는지는 아이의 독서인생을 좌우하는 중요한 변수가 된다. 평생 책 읽는 사람이 될 것이냐, 평생 책과 담을 쌓을 것이냐가 결정된다 해도 과언이 아니다.

아이가 한글을 언제 배워야 할까를 두고 고심했던 때를 떠올려보자. 아이에게 한글을 가르치기 위해 애썼던 순간을 기억해보자. 아이가 제 이름을 읽고 썼을 때 얼마나 기뻐했던가. 한글을 가르치기 위해 노력했듯 아이의 읽기 능력을 키우기 위해서도 비슷한 노력과 관심이 필요하다.

2

어떻게 해야
책 좋아하는 아이로 자랄까

여러 해 전부터 사람들을 만나면 "언제부터 책을 읽는 게 재미있었어요?"라는 질문을 하고 다녔다. 책을 좋아한다는 걸 알게 되면 꼭 물어보았다. 다짜고짜 질문을 했건만 그들은 기다렸다는 듯 유년 시절에 있었던 책과 얽힌 추억을 들려주었다. 이들의 이야기를 듣다 보면 무언가를 좋아하게 된다는 것은 어떤 계기를 만나는 일이 아닐까 싶었다. 되돌아보면 대단한 일도 아니다. 하지만 영사기를 천천히 돌려 그때 그 순간을 펼치듯 선명하게 소환되는 한 장면이 그들에게는 있었다.

부모가 닦달해서 책벌레가 된 사람은 없다

카이스트의 정재승 박사는 〈알쓸신잡〉이란 예능 프로그램에 나와 모르는 게 없는 만물박사로 대중에게 알려졌지만, 그전부터 소문난 책벌레였다. 정재승 박사가 자신의 저서 《열두 발자국》에서 들려준 어린 시절 이야기는 부모들이 귀담아들을 만하다. 아이가 책을 좋아하게 되는 흥미롭고 전형적인 사례이기 때문이다.

어릴 때 정재승 박사의 부모는 아들에게 한글을 늦게 가르쳐주었다고 한다. 친구들이 모두 유치원에 갈 때도 "너는 몸이 약하니 태권도장에 가는 게 낫다."라며 운동을 시켰다. 다른 부모들이 아이들에게 한글을 가르치고 책을 읽어줄 때도 그의 부모는 "애들은 노는 게 공부니 나가서 뛰어놀아라."고만 했다. 어린 정재승은 이런 부모님의 말씀대로 책을 읽기보다는 나가서 뛰어놀며 어린 시절을 보냈단다.

한데 흥미로운 사실이 있다. 아들에게는 책 읽지 말라던 그의 부모님은 책을 즐기고 부지런히 읽었다는 점이다. 이런 모습을 지켜보며 정재승 박사는 '책은 굉장히 재미있고 즐거움으로 가득 차 있는 게 분명하다. 그렇지 않다면 아이들에게 숨기면서 어른들만 즐길 리가 없다.'라고 생각했다. 그래서 부모님이 자라고 불을 끄면 자는 척하다가 읽지도 못하는 책을 펼치고 혼자 읽는 흉내를 내곤 했단다.

아홉 살 독서 수업

정재승 박사는 자신의 어린 시절을 되돌아보며 결국 책에 대한 결핍이 자신을 책을 가까이하는 사람으로 만들지 않았나 싶다고 술회했다.

책을 좋아하게 된 이유를 물었을 때 정재승 박사와 비슷한 기억을 들려준 사람들이 여럿 있었다. 책 읽는 사람이 되느냐, 그렇지 않느냐를 결정하는 중요한 요인 중 하나는 결핍인 것 같다. 읽고 싶어도 읽을 책이 없었던 어린 시절의 경험을 지닌 사람들, 혹은 친구에게 사정사정하며 책을 빌려 본 기억이 있는 사람들은 훗날 백 퍼센트 책벌레가 되었다. 청소년기에 책을 좋아하게 된 사람들은 친구의 영향력도 컸다. 시작이야 어떻든 공통점은 결핍, 주변의 책 읽는 사람 그리고 자발성이었다. 엄마가 책을 읽으라고 닦달해서 마지못해 읽다 보니 책벌레가 되었다는 사람은 지금까지 한 명도 만나지 못했다.

간절하게 책 읽고 싶은 마음이 들려면

《돼지 루퍼스, 학교에 가다》는 학교에 가고 싶은 아기 돼지 루퍼스의 이야기를 들려주는 그림책이다. 책이 귀했기에 더 책을 읽고 싶어 했던 사람들의 마음이 담겨 있어, 읽고 나면 미소가 지어진다.

돼지 루퍼스는 책이 읽고 싶다. 그러려면 학교에 가서 글자를 배워야 했다. 하지만 돼지는 학교를 지저분하게 만들고 아이들이 공부하는 걸 방해한다며 교장 선생님이 입학을 허락하지 않는다. 루퍼스는 자신이 학교에 다닐 준비가 되었다는 걸 증명하려 애쓰지만 번번이 교장 선생님에게 퇴짜맞는다.

루퍼스는 결국 입학을 허락받았지만, 학교에 가지 못했더라도 읽는 법을 배웠을 게 틀림없다. 온 마음을 다해 책을 읽고 싶어 했으니까. 독서교육의 입장에서 보면, 간절히 책을 읽고 싶어 하는 마음을 지닌 루퍼스는 이미 책의 시민이다. 이 기억을 지닌 루퍼스는 평생 책과 멀어질 수 없다.

정재승 박사의 어린 시절 일화나 돼지 루퍼스 이야기는 모두 결핍이 얼마나 큰 동력이 되는지를 보여준다. 모든 결핍은 욕망을 낳는다. 아이가 무얼 좋아하게 하려면 역설적으로 결핍이 필요하다. 평생 책을 가까이하게 하는 방법은 도리어 책 읽으라는 소리를 거두는 것일 수 있다.

다소 엉뚱한 처방이지만 정재승 박사는 아이들의 게임 중독을 고치는 최고의 방법은 게임을 정규 교과목으로 만들고 시험을 보는 것이라고 말한다. 아무리 매력적인 일이라도 강제하는 순간 지겹고 하기 싫은 일이 되기 때문이다.

책 읽기 역시 의무가 되면 아무리 재미있는 책이어도 읽기 싫어진다. 지금은 책 읽기가 의무와 과잉이 된 시대다. 읽을 책조차 변변치 않았던 시절에는 무수한 책벌레가 탄생했건만 책이 넘쳐나는 요즘은 책이라면 질색인 아이들이 자라난다. 그렇다고 아이들에게 일부러 결핍의 경험을 만들어줄 수는 없는 노릇이다. 그렇다면 방법은 하나다. 책이 즐거워지는 경험과 동기를 제공하는 것이다.

3
명작이나 고전보다
더 중요한 책

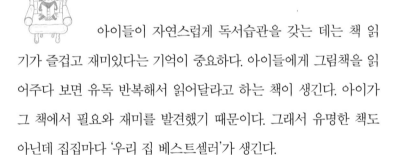

아이들이 자연스럽게 독서습관을 갖는 데는 책 읽기가 즐겁고 재미있다는 기억이 중요하다. 아이들에게 그림책을 읽어주다 보면 유독 반복해서 읽어달라고 하는 책이 생긴다. 아이가 그 책에서 필요와 재미를 발견했기 때문이다. 그래서 유명한 책도 아닌데 집집마다 '우리 집 베스트셀러'가 생긴다.

《영어 그림책의 기적》을 쓴 전은주는 책 속에서 두 아이와 함께 캐나다에서 어학연수를 했던 이야기를 들려준다. 아이가 처음 캐나다에 가서 영어를 잘 못하자 학교 선생님이 《mole in a hole》이란 책을 빌려준다. 그러고는 "하루에 두 번씩만 이 책을 읽어라. 이 책을 다 읽을 수 있게 되면 꼭 선생님에게 읽어주렴."이라고 말했단다.

《mole in a hole》은 명작이나 고전이 아니다. 읽기를 처음 배우는 아이들을 위해 라임이 반복되는 짧은 책이다. 하지만 좋아하는 선생님에게 잘 보이고 싶은 아이는 하루에 두 번이 아니라 여섯 번을 읽었다. 열흘 만에 이 책을 줄줄 외우게 되었고 아이의 읽기는 몰라보게 달라졌다. 결국 선생님은 아이가 한국으로 돌아갈 때 《mole in a hole》을 선물로 주었다고 한다.

한 권의 책에는 많은 것들을 담을 수 있다. 책을 읽어준 사람의 마음도 담기고, 함께 책을 읽으며 즐거웠던 경험도 담긴다. 《mole in a hole》은 어떤 아이에게는 매일 읽어야 하는, 하기 싫은 숙제일 수 있다. 하지만 어떤 아이에게는 좋아하는 선생님을 떠오르게 하는 즐거운 추억이 될 수도 있다. 이런 추억이 쌓여갈 때 책은 즐거운 것이 된다.

마트에서도 책 이야기를 할 수 있는 방법

'우리 집 베스트셀러'가 많을수록 책을 둘러싼 이야기가 풍부해진다. 그러니 부모는 좀 더 적극적으로 우리 집 베스트셀러를 만들어야 한다. 재미있게 읽은 책 내용을 일상의 경험과 만나게 하고 놀이로까지 이어가면 아이에게는 재미난 책들이 보물처럼 쌓여간다.

로렌 차일드의 《난 토마토 절대 안 먹어》라는 그림책이 있다. 편식하는 어린이들에게 읽어주면 좋은 그림책이지만, 그런 목적이 없어도 즐겁게 읽을 수 있는 책이다. 주인공 롤라는 가리는 음식이 많다. 당근도, 콩도, 감자도, 생선튀김도, 토마토도 절대 먹지 않는다. 엄마와 아이가 밥상에서 한바탕 전쟁을 치러야 할 상황인데 롤라의 오빠 찰리는 전혀 예상치 못한 방법으로 롤라의 편식 습관을 고쳐놓는다.

식탁 위의 당근을 가리키며 절대 안 먹겠다는 롤라에게 "저건 당근이 아니야, 목성에서 나는 오렌지뿅가지뿅이야."라고 말해준다. 그래도 뭔가 미심쩍어하는 롤라에게 찰리 오빠는 자기가 다 먹겠다며 반색한다. 아무리 자기주장이 강한 롤라라도 이쯤 되면 '오렌지뿅가지뿅'이 먹고 싶어질 수밖에 없다.

이 그림책을 읽고 마트에 간다면 아이에게 '오렌지뿅가지뿅'을 장바구니에 넣어달라고 해보자. 밥에 얹은 완두콩을 골라내려는 아이에게 "귀한 초록방울은 엄마가 먹을게."라며 찰리 오빠 흉내를 내보자. 함께 읽은 책을 생활 속으로 끌어들이는 이 방식은 아이들에게 묘한 쾌감을 준다. 엄마와 아이만이 아는 비밀 같기도 하고, 마치 책 속 주인공이 된 듯도 하다. 외출했을 때, 마트에 갔을 때, 집안에서 적극적으로 책의 내용과 일상을 연결 지으면 저절로 놀이와 이야기가 흘러나온다.

주디스 커의 《간식을 먹으러 온 호랑이》도 책과 일상을 연결하기 좋은 책이다. 소피가 엄마랑 간식을 먹고 있는데 초인종이 '딩동' 하고 울린다. 문을 열어보니 세상에나, 털이 복슬복슬한 커다란 호랑이가 떡하니 서 있는 게 아닌가. 엄마가 빵을 권하자 호랑이는 배가 고팠던지 빵을 다 먹고 나서 접시까지 꿀꺽 먹어버린다.

이 그림책을 읽었다면 다음부터 초인종이 울릴 때 "호랑이가 간식 먹으러 왔나?"라고 말해보자. 아이가 눈을 반짝이며 자기가 문을 열겠다고 나서거나 호랑이가 아니라 배고픈 애벌레가 왔을지도 모른다며 상상의 이야기를 지어낼 수도 있다. 물론 호랑이가 집으로 찾아올 리는 없다. 대신 그날은 간식을 먹으며 《간식을 먹으러 온 호랑이》를 함께 읽자. 아이는 앞으로 간식을 먹을 때마다 이 책을 떠올리지 않을까.

이렇게 일상과 책을 연결하는 방법은 무궁무진하다. 여름에 창문에 붙어 '매앰매앰' 하고 시끄럽게 울어대는 매미 소리에 잠을 깼다면 그날은 매미와 관련된 책을 읽어보자. 매미가 왜 여름 한 계절에 잠깐 그렇게 소리 내어 울고 사라지는지를 알면 매미 소리가 달리 들린다. 비 오는 날 지렁이를 보았다면 지렁이 책을 읽고, 김장을 했다면 김치가 나오는 책을 읽으면 된다.

최고의 독후 활동은 책을 가지고 노는 것

아이들은 노는 걸 좋아한다. 책도 읽는 데서 그치지 않고 손과 몸으로 만나면 한층 더 좋아한다. 교사들은 한결같이 초등학교 고학년이라도 책을 놀이로 즐기는 걸 좋아한다고 말한다. 어려서는 책 읽기를 놀이로 생각하고 좋아했던 아이들도 고학년이 되어 독서 자체만 강조하면 책으로부터 멀어진다. 책 읽기에 싫증 내는 아이들일수록 책을 놀이처럼 즐기게 해야 한다.

부지런한 엄마들이 아이와 함께 책을 읽고 활동한 내용을 포스팅한 걸 보면 적잖이 놀란다. 한숨도 나온다. 아이들과 저렇게까지 책 놀이를 해야 한다면 나 역시 자신이 없다. 그러나 파워 블로거가 될 거라면 모르지만 그렇지 않다면 시각적으로 화려한 독후 활동에 주눅 들 필요는 없다. 아이와 책을 읽고 즐겁게 노는 게 제일 중요하다.

놀이가 무엇인가. 정재승 박사의 말처럼 "놀이는 누가 시켜서 하는 게 아니라 좋아서 자발적으로 하는 행위다. 어떻게 놀아야 한다는 규칙도 없고, 목표도 없다. 더 잘 놀기 위해 경쟁하지 않아도 된다." 책 놀이 역시 놀이의 본령에 합당하면 족하다. 책을 읽고 흥에 겨워 즉석에서 만든 놀이가 즐겁고 또 하고 싶어지면 그걸로 충분하다. 다시 말하지만 부모가 아이랑 즐겁게 놀면 된다는 사실만 잊지 않으면 된다.

아홉 살 독서 수업

윌리엄 스타이그의 《아빠와 피자놀이》를 읽고 나면 저절로 책에 나온 '사람 피자 만들기' 놀이를 따라하게 된다. 아이의 몸을 피자 도우로 삼아 집에 있는 색종이, 지우개, 연필 등 아무거나 토핑으로 올린다. 그리고 굽는 시늉을 하고 완성된 사람 피자를 자르는 척하면 된다. 별다른 준비와 도구가 필요 없는 언제나 즐겁게 할 수 있는 놀이다. 아이들일수록 간지럼을 많이 탄다. 그래서 아이를 피자로 만들며 간지럼을 태우고 실컷 웃을 수 있다. 놀고 난 후에는 함께 식빵이나 토르티야로 피자를 만들어보면 더 좋다. 아니면 함께 피자를 먹는 것으로도 충분한 독후 활동이 된다. 이렇게 즉흥적으로 즐길 수 있는 것이 그림책 놀이다.

책을 좋아하건 싫어하건 책을 읽고 놀자고 할 때 거부하는 아이는 없다. 활동을 위한 책이 따로 있는 게 아니다. 아이와 부모가 함께 재미나게 읽은 책에서 세상에서 유일한 놀이가 피어난다. 이것이 최고의 책 놀이이며 아이가 책을 좋아하게 하는 방법이다.

4

책 읽기 좋은 환경, 어떻게 만들까

부모는 종종 자신의 어린 시절을 꺼내어 든다. 그리고 아이들의 지금과 비교한다. "저는 어릴 때 피아노가 배우고 싶어서 몇 날 며칠 엄마를 졸랐어요. 다른 것도 배우고 싶은 게 많았고요. 그런데 우리 애는 하고 싶은 게 하나도 없대요.", "부모님에게 책 읽으라는 소리를 들어본 적이 없어요. 오히려 공부는 안 하고 책만 읽는다고 혼났지요. 그런데 왜 우리 애는 책을 거들떠보지도 않을까요?"

여기에는 여러 가지 이유가 있을 테다. 하고 싶은 게 없는 아이들은 대개 부모가 뭐든 먼저 알아서 준비하고 시켰기 때문인 경우가

아홉 살 독서 수업

많다. 인간은 본능적으로 호기심도 많고 잘하고 싶은 욕망도 있다. 그래야 가치 있는 인간으로 대접받을 수 있기 때문이다. 아이들이 하고 싶은 게 없다는 것은 본능에 어긋나는 일이다. 의욕이 없다기보다는 그렇게 길들여진 탓이다.

책으로 눈 돌릴 틈이 없는 아이들

부모가 자라온 시절과 지금은 환경이 달라도 너무 다르다. 지금 30대 후반에서 40대 초반 즈음인 80년대생 부모가 초등학교에 다닐 무렵만 해도 컴퓨터가 귀했다. 또 스마트폰은커녕 안방이나 거실에 유선전화 한 대가 있을 뿐이었다. 텔레비전이 있어도 아이들이 제 맘대로 볼 수 있는 건 아니었다. 채널을 돌릴 권리는 어디까지나 아버지에게 있었다. 그렇다고 책이 많은 것도 아니었다. 전집 판매원으로부터 세계명작, 위인전 등을 구입해 장식 겸 꽂아두는 게 유행이었지만, 이런 책도 없는 집이 많았다.

지금 아이들은 날 때부터 컴퓨터와 스마트폰 혹은 인터넷으로 보는 영상에 전면적으로 노출된다. 이른바 디지털 네이티브 세대다. 물론 아직 학교도 안 들어간 아이들에게 스마트폰을 사주지는 않았을 것이다. 그러면 무엇 하나. 엄마 아빠의 스마트폰이 곧 아이들의 것인데. 아이들을 조용히 시켜야 할 때, 혹은 보상이 필요할 때

부모들은 스스럼없이 아이의 손에 스마트폰을 쥐어준다. 안타까운 것은 부모들조차 아이들이 보는 앞에서 아무 때나 스마트폰을 사용한다는 점이다. 아이들은 부모를 그대로 따라한다. 아이가 사춘기가 되었을 때 어찌 감당하려고 저러나 싶어 안타까울 때가 있다.

그뿐인가. 요즘 아이들은 일찍부터 학원 순례를 시작한다. 학원에 다닌다는 것은 어릴 때부터 해야 할 숙제가 많아진다는 뜻이다. 예전처럼 해가 기울어가는 오후에 집에서 아무 일 없이 빈둥거리는 것은 상상도 못한다. 심심할 짬이 없다. 혹 시간이 있다 해도 그리 충분하지 않다는 걸 아이들은 안다. 그러니 오랜 시간을 들여야 하는 독서보다는 즉각적인 만족을 주는 스마트폰이나 인터넷에 빠져든다.

독서는 능동적 몰입의 대표적 활동

인간의 창의성과 행복을 연구해온 세계적 석학 미하이 칙센트미하이 교수는 《몰입의 즐거움》이란 책에서 인생에 가장 필요한 덕목으로 집중력, 즉 깊이 빠져드는 몰입을 손꼽는다. 행복은 뒤돌아서서 느끼는 것이지만 몰입은 지금 하는 일을 가치 있다고 느끼게 한다.

여가를 즐길 때도 몰입해야 충족감이 높다. 텔레비전 시청이나 잡담은 실력이나 집중력이 필요 없는 수동적인 여가다. 별다른 힘이 들지 않을 뿐 아니라 시작하자마자 바로 빠져든다. 반면 능동적 여가는 어느 정도 집중력과 정성을 쏟아부은 다음에야 재미를 느낄 수 있다. 능동적 몰입은 수동적 몰입에 비해 어렵지만 몰입의 강도와 만족감은 훨씬 높다.

능동적 몰입에 속하는 대표적 활동이 책 읽기다. 고전소설을 읽는다고 하자. 대부분의 독자가 앞부분 100여 페이지를 넘어가기 힘들어한다. 작가는 천천히 수많은 등장인물을 소개하고, 이야기의 무대를 설명하고, 사건의 전개를 위한 사전 정보를 풀어낸다. 이 시간이 독자에게는 앞이 보이지 않는 터널을 걷는 것처럼 지루하다. 그러나 인물과 배경에 익숙해지고 본격적으로 사건이 펼쳐지면 독자는 무아지경에 빠져든다. 손에서 책을 놓을 수가 없다. 이런 깊이 읽기는 독자에게 통찰과 치유 같은 긍정적 선물을 안긴다. 생각해 보면 삶의 질은 얼마나 집중할 수 있느냐에 달려 있다 해도 과언이 아니다.

능동적 몰입을 위한 환경 만들기

디지털 환경에 익숙한 아이들에게 무조건 스마트폰이나 인터넷을 금해야 한다고 주장하는 것은 아니다. 인터넷으로 얻을 수 있는 정보와 네트워크는 앞으로의 세대에게 필수적이다. 다만 오로지 그 즐거움에만 길들여져서는 곤란하다는 말이다. 아이들이 빠져드는 스마트폰, 소셜 미디어, 유튜브, 게임 등은 단기 집중력만 있으면 충분히 즐길 수 있다. 미하이 칙센트미하이의 말대로라면 수동적인 몰입이다. 즐거움을 얻기 위해 별다른 노력이 필요 없고 보상도 즉각적이다.

반면 독서는 책을 펴자마자 아이들을 즐겁게 해주지 않는다. 동화책이 재미있으려면 능동적으로 책장을 넘기고 이야기에 집중해서 읽는 과정을 거쳐야 한다. 혹여 책의 초반부가 낯설고 읽기 힘들어도 그 시간을 견딜 수 있어야 한다. 이것이 본질적으로 디지털 기기와 책 읽기의 서로 다른 메커니즘이다. 그래서 아이들은 책보다 쉽고 편하며 즉각적 즐거움을 주는 디지털 기기에 끌린다. 문제는 디지털 기기에 익숙해지면 질수록 책 읽기가 더욱 힘겨워진다는 점이다.

읽기 훈련이 필요한 이유 중 하나가 집중력 때문이다. 처음부터 끝까지 논리적 구조로 이어진 책을 읽으려면 긴 시간 동안 집중력이 필요하다. 하지만 디지털 미디어는 단기 집중만으로 충분하다. 자기통제력이 있는 어른도 스마트폰에 길들여지면 5분을 집중해 책 읽기가 힘들다. 하물며 아직 통제력을 관장하는 전두엽이 발달하지 않은 아이들은 말할 필요도 없다. 그러니 아이에게 디지털 기기를 허용하더라도 시간을 제한하는 것은 필수다.

현직 교사들이 함께 쓴 《좋은 엄마가 스마트폰을 이긴다》는 디지털 미디어 교육을 위한 방법론을 소개하는 책이다. 여기서 권하는 가장 바람직한 방법은 아이가 디지털 기기를 접하는 시기를 최대한 늦춰주는 것이다. 대신 자연과 접하고 책을 읽고 뛰어놀며 건강하게 여가를 보내는 방법과 즐거움을 맛보게 하라고 조언한다. 물론 아이들이 친구와 어울리는 나이가 되면 자연스레 게임이나 소셜 미디어 등에 빠져든다. 아이가 "친구들은 다 스마트폰이 있다고!" 하며 떼를 쓰면 부모는 따돌림이라도 당할까 싶어 사주게 된다. 부모가 바쁜 경우 학원 등을 다니는 아이의 안전을 위해 일찍부터 사주는 경우도 있다.

어떤 이유건 스마트폰 등 디지털 기기는 가족끼리 어떻게 사용할 것인지를 협의하고 실천하는 일이 중요하다. 아이가 커갈수록 스마트폰이나 게임 시간을 규제하는 것은 더 어려워진다. 10대가 된 아이들은 스마트폰을 금지하면 무섭게 돌변한다. 부모가 디지털 기기에 대해 부정적으로 말하면 아이들은 숨어서 하는데, 이편이 훨씬 안 좋다. 그러니 아무리 늦어도 읽기 훈련이 시작되는 초등 저학년 때부터는 우리 집의 디지털 미디어 사용 규칙을 만드는 것이 좋다.

초등학교에 입학한 후 아이가 "내 친구는 마음대로 인터넷을 한단 말이야."처럼 친구를 끌어들이며 반항해도 넘어가서는 안 된다. '모든 집은 서로 다른 규칙을 갖는다.'는 사실을 설득해야 한다.

잊지 말아야 할 것은 부모의 참여다. 신경정신과 전문의 하지현 교수에게 들은 이야기를 오래도록 기억하고 있다. 그는 아이들이 10대일 때 "핸드폰은 가전제품이다."라는 규칙을 만들었다. 핸드폰은 가전제품이므로 당연히 거실에 둬야 한다. 핸드폰을 가지고 방으로 들어가지 않으며, 잠을 잘 때는 거실의 충전기에 꽂아두어야 한다. 핵심은 아이들뿐 아니라 부모 역시 이 규칙을 지키는 것이다. 아이에게는 스마트폰을 10분만 사용하라고 하고 부모는 식탁에서 혹은 잠자리에서 스마트폰을 버젓이 사용해서는 규칙이 지켜질 리 없다. 아이와 부모가 함께 실천할 때 비로소 규칙이 규칙으로 자리 잡을 수 있다. 모든 성취는 얼마나 집중할 수 있느냐의 싸움이다. 시작은 아이들을 단기 집중력의 포로로 만들지 않는 것부터다.

5

글자는 아는데
책을 못 읽는 이유

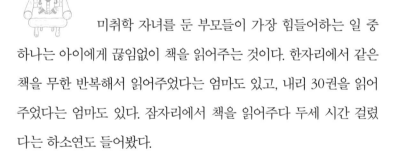

미취학 자녀를 둔 부모들이 가장 힘들어하는 일 중 하나는 아이에게 끊임없이 책을 읽어주는 것이다. 한자리에서 같은 책을 무한 반복해서 읽어주었다는 엄마도 있고, 내리 30권을 읽어주었다는 엄마도 있다. 잠자리에서 책을 읽어주다 두세 시간 걸렸다는 하소연도 들어봤다.

성인들은 책을 눈으로 읽는 묵독이 습관화된 터라 소리 내어 읽는 일이 익숙하지 않다. 큰 소리로 몇 권만 읽으면 금세 목이 갈라진다. 아이들에게 힘들다고 말해도 통하지 않는다. 아이들에게는 지금 읽는 책이 재미있다는 사실만이 중요하기 때문이다. 대여섯 살이 되면 자기주장이 강해져서 한번 고집을 부리면 당해내기 힘들다. 이럴 때 엄마들은 투혼에 가까운 인내력을 발휘해 책을 읽어준다. 조금 있으면 독서독립을 할 테니까 그때까지만 참는 거다.

왜 글을 아는데도 읽어달라고 할까

아이가 한글을 깨쳤다. 자기 힘으로 책을 읽을 수 있다. 그런데도 여전히 책을 읽어달라고 하면 부모는 슬슬 걱정이 된다. 학부모 대상 강연에서도 가장 많이 듣는 질문 중 하나가 "글을 읽을 수 있는데도 자꾸 읽어달라고 해요. 왜 그런 거지요? 어떻게 해야 하지요?"다.

아이들의 발달은 저마다 다르다. 어떤 확고한 원칙이나 정답 같은 건 없다. 어떤 아이는 글을 익히고 나면 혼자 읽는 걸 즐거워한다. 글을 읽고 이해하는 능력이 빠른 경우 부모가 읽어주는 걸 답답해하는 경우도 있다. 또 어떤 아이는 한글을 읽을 수 있어도 여전히 부모에게 읽어달라고 조른다. 둘 다 정상이다. 부모는 아이들이 원하는 대로 따라주면 된다. 오히려 나는 아이가 혼자 읽겠다고 해도 부모가 규칙적이고 지속적으로 읽어주기를 권한다. 요즈음에는 읽기를 방해하는 외부 요인이 너무 많다. 그렇기 때문에 아이가 완전한 독서독립을 이룰 때까지 부모와 아이가 책을 통해 관계를 이어가는 일이 더욱 중요해졌다.

왜 아이는 글을 아는데도 책을 읽어달라고 할까? 혼자 읽는 것보다 엄마나 아빠가 읽어주는 게 더 좋기 때문이다. 바꾸어 말하자면 혼자 읽으면 재미가 없다는 뜻이다. 엄마는 등장인물에 따라 목소리도 다르게 내고, 위험한 일이 닥치거나 슬픈 일이 생기면 이야기에 맞게 감정을 한껏 살려 읽어준다. 모르는 단어나 이해되지 않는 대목이 나오면 물어볼 수도 있다. 그러니 어른이 읽어줄 때 아이는 책 내용을 온전히 이해할 수 있다. 한마디로 이야기의 재미에 푹 빠져든다. 하지만 아이가 혼자 읽으면 어떤 일이 생길까. 한 문장을 읽는데도 이해가 되지 않고 턱턱 막힌다. 이야기에 몰입할 수 없으니 재미도 없다. 그래서 읽어달라고 하는 것이다.

독서교육 전문가 김은하는 《독서교육, 어떻게 할까?》에서 '글자를 아는 것'과 '이해하는 것'은 차이가 있다고 지적했다. 아이들이 글을 익히고 난 후 숙련된 독자가 되려면 여러 단계를 거쳐야 한다. 아이들은 처음에는 글자를 그림처럼 인식한다. '길동'이라는 이름에 쓰인 '길' 자와 '동' 자를 그림처럼 받아들이고 알아본다. 그러다 천천히 자음과 모음이 조합되는 원리를 알아차리고 그에 맞게 발음한다. 그러면 글자 하나가 아니라 단어를 한눈에 인식하고 발음하게 된다. 이 단계에 이르면 문장을 떠듬거리지 않고 읽을 수 있다. 다음으로 글자를 읽으면서 내용을 이해할 수 있는 단계로 이행한다. 이런 일련의 과정을 거쳐야 물 흐르듯 막힘없이 읽을 수 있다.

읽으면서 바로 내용을 이해하고 행간의 의미를 알아차리는 단계에 올라선 아이들은 시간 가는 줄 모르고 책 읽는 경험을 하게 된다. 이렇게 책 읽기의 즐거움을 느낄 때 진정한 독서독립이 이뤄지는 것이다.

어른에게도 읽기는 어려운 일이다

반대로 아직 읽기가 서툰 아이들의 사정은 어떨까. 일상생활에서 대화할 때 쓰는 말을 구어口語라고 한다. 책에서 쓰는 말은 문어文語라고 한다. 친구와 대화하면서 "'남과는 다른 이야기를 하고 싶다면, 남과는 다른 말로 이야기하라.'라는 피츠제럴드의 문구만이 나의 유일한 버팀목이었지만, 그것이 그리 간단히 될 리는 없다."•라고 말하는 사람은 없다. 하지만 책이라면 다르다. "우리 연구는, 자동반복이 우리의 의미작용적인 사슬의 자기주장이라고 불러온 것에 근원을 갖고 있음을 알게 해주었다."••처럼 난해한 문어로 서술된 책은 많다.

고등교육을 마친 어른이라도 자크 라캉의 저 이해할 수 없는 문장을 만나면 아득해진다. 아이들도 똑같다. 말이라면 잘할 수 있는

● 《무라카미 하루키 잡문집》, 무라카미 하루키 지음, 이영미 옮김, 비채.
●● 《에크리》, 자크 라캉 지음, 홍준기·이종영·조형준·김대진 옮김, 새물결.

데 책을 펴니 한 번도 들어본 적이 없는 표현이 나온다. 도무지 무슨 말인지 알 수가 없다.

저학년 아이들이 읽기 좋은 러셀 에릭슨의 동화 《화요일의 두꺼비》에는 이런 문장이 나온다. "워턴은 긴 굴을 지나, 늙은 나무 그루터기 꼭대기로 나왔습니다." 아이가 '그루터기'라는 단어를 안다면 넘어가지만 그렇지 않다면 여기서 걸린다. 물론 어느 정도 읽기 훈련이 되면 단어를 몰라도 문맥으로 이해할 수 있다. 그러나 초보 독자에게 모르는 단어는 읽기의 방해물이다. 또 직유나 은유처럼 평상시에 쓰지 않는 비유도 낯설다. "워턴은 스웨터 세 벌과 외투 네 벌을 껴입고 장갑 두 켤레를 끼고 귀까지 덮이는 모자를 쓰고 있어서, 꼭 조그만 공이 숲속의 눈밭을 쌔액 지나가는 것 같았지요." 이 문장은 길기도 하지만 옷을 껴입은 워턴을 공에 비유하고 있다.

아직 읽기에 능숙하지 않은 아이들은 단어 하나하나를 신경 써서 읽어야 한다. 그런데 한 페이지에 생전 처음 보는 단어와 이해할 수 없는 문장이나 비유가 여러 개 나온다면 어떨까. 읽어내기도 벅차서 주인공에게 공감하거나 줄거리를 따라가기 힘들다. 이런 줄도 모르고 부모들은 아이가 다 읽었다고 하면 뭘 느꼈냐고 묻는다. 읽기 수준이 낮은 아이들이 글의 주제까지 파악하는 것은 불가능한 일이다. 이처럼 읽기가 서툰 아이들은 능숙한 아이들보다 읽기가 두 배 세 배 힘들다. 이야기의 재미를 느낄 겨를이 없다. 그래서 혼자 읽기 어려우니 엄마에게 읽어달라고 하는 것이다. 그런데 엄마가 "이제 한글 아니까 혼자 읽어봐."라고 하면 이때부터 책과 멀어지는 거다.

입장을 바꾸어 생각해보면 이해가 쉽다. 대부분의 어른들은 알파벳을 읽을 수 있다. 심지어 중고등학교 시절 영어 공부를 해서 단어와 문법도 좀 안다. 하지만 〈뉴욕타임스〉나 〈타임〉지를 읽고 바로 이해할 수 있을까. 한 문장만 읽어도 어려운 단어가 줄줄이 나오고, 이해하지 못하는 비유도 많은 데다 문장구조까지 복잡하다. 그러면 읽는 순간 막막해진다. 읽을 수야 있어도 문장을 이해할 수는 없다. 영자 신문이나 영문 소설을 읽으려면 어른들도 독해 연습을 해야 한다. 아이들이 글을 읽고 이해하는 과정도 이와 같다.

영어 문장뿐만이 아니다. 그동안 꾸준히 책을 읽지 않았다면 조금만 어려운 책을 만나도 읽어낼 수 없다. 과학책이나 전문서처럼 잘 모르는 분야의 책은 보기만 해도 머리가 아프다. 성인 역시 글을 읽을 수 있지만 뭐든 읽고 바로 이해할 수 있는 것은 아니다.

6

책 읽어주기,
언제까지 해야 할까

역설적으로 들리겠지만 아이가 스스로 책 읽기를
즐기려면 부모와 아이가 책으로 더 연결되어야 한다. 언어 능력과
탐구심이 뛰어난 아이들은 부모의 도움 없이도 책을 잘 읽는다. 그
렇더라도 부모가 뒤로 물러서기보다는 자녀의 읽기에 지속적으로
관심을 두고 참여해야 한다. 아이가 필독서를 읽었는지, 독후감을
썼는지 검사하라는 말이 아니다. 부모는 숙제를 위한 독서가 아니
라 재미난 책으로 아이와 이어져야 한다. 그래서 아이가 여전히 책
읽기를 즐겁다고 여기는 것이 가장 중요하다.

부모가 아이와 책으로 연결되는 가장 손쉬운 방법은 일정한 시

간을 정하고 책을 읽어주는 것이다. 학교와 학원에 다니느라 아이들의 일상이 바빠지면 책 읽어주는 시간을 확보하기가 쉽지 않다. 아이와 부모의 일상에서 10여 분이라도 짬을 내서 실천해야 한다. 경험적으로 책 읽어주기 가장 좋은 시간은 역시 잠자리에 들 때다. 부모가 잠자리에서 꾸준히 책을 읽어주기만 해도 아이들의 독서이탈을 막을 수 있다.

이제 겨우 책 읽어주는 노동에서 해방되나 싶었는데 더 읽어주라니! 맥이 빠질 수 있다. 이미 글을 배운 아이에게 책을 읽어줄 때는 어릴 때처럼 무작정 한 권을 다 읽어주지 않아도 된다. 하루를 마감하고 잠자리에 편히 들 준비를 한 후 잠시 읽어주는 정도면 충분하다. 하루에 몇 쪽을 읽어줄지, 몇 분 동안 읽어줄지를 미리 정하고 읽어주면 된다. 대개 10분에서 30분 동안 한 챕터 정도를 읽어주면 적당하다.

이야기가 막 재미있어지려는데 한 챕터가 끝났다면 어떻게 할까. 오늘의 읽기를 끝내야 한다. 독서교육의 면에서 보면 이편이 더 바람직하다. 아이가 다음 이야기가 궁금해서 내일의 읽기 시간을 손꼽아 기다릴 수도 있고, 혹은 자발적으로 책을 읽을 확률이 높아지기 때문이다. 이런 경험을 한 아이들일수록 책과 가까워진다.

아홉 살 독서 수업

안정감을 전하는 시간

아이들에게 책을 읽어준다는 것은 여러 의미가 있다. 유아기에는 아이들이 글을 모르기 때문에 부모가 읽어준다. 사실 책 읽어주기는 우리가 상상하는 것 이상의 즐거움을 준다. 미국 초등학생의 필독서이자 국내에서도 큰 사랑을 받은 《에드워드 툴레인의 신기한 여행》의 저자 케이트 디카밀로는 이런 말을 했다. "사랑하는 사람이 책을 읽어주면 우리는 긴장을 스르르 푼다. 그 순간 우리는 따뜻함과 빛 속에서 공존한다."

책을 읽어준다는 것은 부모가 아이에게 사랑을 전하는 의식과도 같은 일이다. 아이들은 엄마 품에 안겨 책 읽어주는 소리를 들으며 엄마의 사랑을 확인하고 편안함을 느낀다. 사랑하는 사람이 책을 읽어주면 누구라도 정서적 안정감과 친밀함을 느끼게 된다.

일하는 엄마들 가운데 아이가 유달리 책을 좋아한다고 말하는 엄마들을 만날 때가 있다. 퇴근해서 집에 들어가자마자 아이가 책을 들고 달려온다고 한다. 엄마는 아이가 책을 너무 좋아한다고 믿는다. 아이의 이런 행동에는 사실 또 다른 심리적 기제가 작동한다. 아이는 하루 종일 엄마와 떨어져 지냈다. 그런데 책을 읽어달라고 하면 퇴근 후 집에 온 엄마를 독차지할 수 있다. 아이는 이 사실을 알기 때문에 책을 읽어달라고 하는 것이다. 책을 읽어줄 때 엄마는 집안일을 하며 건성으로 아이의 이야기를 듣지 않는다. 동생이나 형과 엄마를 나누어 갖지 않아도 된다. 엄마가 온전히 자신에게 집중한다. 그러니 자꾸 읽어달라고 조르는 것이다.

간혹 "언제까지 아이에게 책을 읽어주어야 하나요?"라는 질문을 받는다. 이에 대한 내가 아는 가장 올바른 답은 "아이가 원할 때까지 읽어주면 된다."이다. 책을 읽어주어야 하는 나이가 정해져 있는 것이 아니라 아이마다 다를 뿐이다. 자신을 믿어주는 사람과의 정서적 안정감이 간절한 아이라면 중고등학생이라도 읽어줄 수 있다. 실제로 고등학생 자녀에게 책을 읽어주다가 서로 마음을 털어놓고 사이가 좋아졌다는 경험담을 심심치 않게 듣는다.

평생 읽어달라는 아이는 없다

부모가 절대 걱정하지 않아도 되는 사실이 한 가지 있다. 엄마가 책 읽어주는 소리가 아무리 좋다고 해도 평생 읽어달라고 하는 아이는 절대로 없다. 아이가 성인이 되어 독립한 선배 엄마들이 하는 말이 있다. 아이에게 밤마다 "읽고 싶은 책 한 권 가지고 와라, 읽어줄게."라고 말하던 그때가 좋았다는 소리다. 훗날 부모가 먼저 그리워할 만큼 책 읽어주는 시간은 책을 매개로 부모와 아이가 정서적으로 단단하게 연결되는 소중한 순간이다. 글을 깨친 이후에도 지속적으로 아이에게 책을 읽어주면 읽기 능력이 향상된다. 또 아이

아홉 살 독서 수업

에게 정서적 안정감도 줄 수 있다. 10대 초반까지 책 읽어주기를 이어가면 사춘기도 별 탈 없이 넘어갈 수 있다.

사춘기가 되면 아이들은 방문만 닫는 게 아니라 입도 닫는다. 부모에게 이야기해봤자 잔소리만 돌아오기 때문이다. 혹은 부모가 자신의 말에 귀 기울이지 않았던 것에 실망이 쌓인 탓이다. 어떤 이유로든 서로의 감정을 헤아리지 못한 채 시간이 흘렀다면 갑작스러운 대화는 어렵다. 고민이 있거나 어려운 순간이 닥쳤을 때조차 아이는 부모에게 고민을 털어놓지 않는다.

아이들에게 책을 읽어준다는 것은 단지 책 읽기만을 뜻하는 게 아니다. 책을 매개로 서로 대화를 나눌 수 있는 최적의 시간을 확보한다는 뜻이다. 잠자리에서 부모가 책을 읽어줄 때 아이는 하루의 긴장을 풀고 마음이 편안해진다. 그날 있었던 일이나 고민을 부모에게 자연스럽게 털어놓을 수 있다. 책을 읽어주면 부모와 아이가 서로 이해하고 소통할 수 있는 소중한 시간이 만들어진다. 이것이 바로 읽기 능력의 향상보다 더 중요한, 부모가 지속적으로 읽어주기를 해야 하는 이유다. 책으로 아이의 이야기에 귀를 기울이고 마음을 이해하고 대화를 이어갈 수 있는 시간을 결코 포기하지 말자.

7

어휘력과 상상력,
표현력을 길러주는 지름길

세계적인 동화작가 로알드 달이나 아스트리드 린드 그렌의 평전을 읽다가 공통점을 발견했다. 책 읽어주는 부모의 존재다. 《천재 이야기꾼 로알드 달》에는 노르웨이 출신인 달의 어머니가 밤마다 아들에게 북유럽에서 전해 내려오는 신화나 민담 혹은 노르웨이 작가들의 책을 읽어주었다는 구절이 나온다. 로알드 달은 "노르웨이 신화에 나오는 환상적이고 기괴한 괴물 이야기, 구름 괴물이나 독수리 등에 올라타고 하늘 높이 날아간 아이들, 거대한 곤충이나 개구리에 관한 이야기"를 듣고 자랐다. 어릴 때 들었던 이런 이야기들은 그가 지닌 상상력의 원천이 되었고, 훗날 로알드 달

아홉 살 독서 수업

의 작품에서 고스란히 드러났다.

비유와 상징에 익숙해지기

어릴 때 부모가 들려준 이야기는 이 작가들에게 상상력의 밑거름이 되었을 뿐 아니라 언어 능력의 발달에도 중요한 역할을 했을 것으로 보인다. 러시아 아동문학의 아버지로 불리는 코르네이 추콥스키는 아이들이 쏟아내는 말을 연구해 《두 살에서 다섯 살까지》라는 책을 펴냈다. 책에서 그는 "모든 아이는 두 살부터 잠시 동안 언어 천재가 된다."고 말한다. 이 시기 아이들은 매일같이 2~4개의 새로운 단어를 배우고 유년기 내내 수천 개의 어휘를 배운다. 어린 아이들의 어휘력은 양육자와 나눈 대화를 수원지로 삼는다. 그래서 어린아이들이 쓰는 말을 들어보면 부모가 보이고 아이가 자라는 환경이 보인다. 조부모 손에서 자라는 아이들은 할머니나 할아버지의 말투를 자연스럽게 따라한다. 하지만 그것만으로는 부족하다. 일상생활에서 사용하는 어휘는 제한적이기 때문이다. 이때 부모가 읽어주는 책이 큰 도움이 된다. 아이는 책을 통해 풍부한 어휘를 습득할 수 있다.

케이트 디카밀로의 《날아오르는 호랑이처럼》에 이런 문장들이 나온다. "말하지 않는 것이 로브만의 규칙이었지만, 시스틴 앞에서는 그 규칙을 지키기 어려웠다. …입을 벌리면 금화가 쏟아져 나오 듯 말이 흘러나왔다." 이런 문어 특유의 비유적 표현법은 지적 발달에 매우 중요한 유추 능력을 향상시킨다.

서로 다른 두 가지를 연결하는 은유적 표현은 창조성의 지름길이기도 하다. 일상생활에서는 이런 비유나 상징을 써서 말하지 않는다. 그래서 어릴 때 이런 문어적 표현이 담긴 글을 혼자 읽는 것은 어렵다. 하지만 부모가 읽어주면 쉽게 이해하고 어휘와 표현을 익힐 수 있다. 부모가 책 읽어주는 소리를 많이 들어 어휘력이 풍부한 아이는 커서도 독서 능력이 뛰어날 수밖에 없다.

이야기의 구조를 파악하는 훈련

무릇 이야기란 시작이 있고 중간이 있고 끝이 있다. 우리는 책을 읽을 때 주인공이 뜻하지 않은 일에 휘말려 위험에 처해도 이에 맞서 싸울 거라는 기대감을 갖는다. 왜냐하면 세상의 모든 이야기가 이런 구조를 지니고 있기 때문이다. 아이들 역시 기승전결이란 용어를 몰라도 반복해서 이야기를 듣다 보면 이런 구조에 익숙해진다. 긴 머리카락을 늘어뜨려 왕자를 만나는 라푼젤이나 구혼자를 모두 퇴짜 놓은 공주가 지빠귀 부리 왕자와 맺어지는 옛이야기는 모두 일정한 방식으로 전개된다. 세상의 이야기가 일정한 전개 방식을 지닌다는 사실에 익숙해지면 동화책을 읽는 게 쉬워진다.

윌리엄 스타이그 같은 작가는 자신의 작품에서 '변신-위험-귀환'의 일관된 이야기 구조를 반복적으로 변주한다.《녹슨 못이 된 솔로몬》은 토끼 솔로몬이 코를 후비면서 발가락을 꼼지락거렸더니 녹슨 못으로 변하는 이야기다. 부모가 아이에게 이 그림책을 읽어주었다고 하자. 그러고 나서 같은 작가의《당나귀 실베스터와 요술 조약돌》을 읽어준다면 어떨까. 아마도 아이는 당나귀 실베스터가 딸기골 언덕에서 빨간 요술 조약돌을 발견하는 순간 앞으로 벌어질 사건을 기대하며 귀를 쫑긋할 것이다. 뭔가 일이 벌어진다는 걸 알고 나면 다음이 궁금하기 마련이다.

또 로알드 달의 동화 속에는 언제나 무식하고 흉측하며 악당 같은 어른들이 등장한다. 심지어 이런 '나쁜' 어른들이 이모나 부모인 경우도 있다. 어린이들은 이런 어른들에게 말도 안 되는 방법으로 구박과 억압을 받는다. 하지만 로알드 달의 동화를 읽어본 아이라면 이렇게 이야기가 끝나지 않는다는 걸 안다. 주인공들은 자기만의 방식으로 어른들에게 복수한다. 이렇듯 이야기의 전개 방식에 익숙해지고 기대를 품어야 동화가 재밌는 법이다.

동화책이 재미없다며 읽지 않으려는 아이들이 있다. 하지만 생각해보라. 세상에서 가장 재미난 것이 이야기다. 인류는 오랫동안 이야기와 함께해왔다. 이야기를 통해 지혜를 전달해온 것도 인간이 그만큼 이야기를 즐기기 때문이다. 그러므로 아이들이 이야기가 담긴 동화를 즐기지 못한다면 분명 이유가 있다. 아직 동화를 읽는 것이 익숙하지 않다는 뜻이다.

동화 속에서 모든 사건은 대화와 지문을 통해 전개된다. 그림책이라면 엄마가 읽어주는 이야기를 들으며 그림을 통해서 분위기나 주인공의 감정 등을 상상해볼 수 있다. 하지만 그림의 도움 없이 오로지 글만으로 주인공의 감정 변화를 알아차리고 이해하려면 높은 수준의 지적 추론과 읽기 능력이 필요하다. 그래서 동화 읽기를 힘들어하는 것이다. 이런 아이들에게는 재미난 동화를 충분히 들려주어야 한다. 아이들이 부모나 선생님이 읽어주는 이야기를 들으며 서사 구조와 문어적 표현에 익숙해질 때까지 기다려줘야 한다. 그러다 보면 뒷이야기가 궁금해진 아이가 엄마가 읽어주다 만 책을 스스로 읽는 날이 온다.

아홉 살 독서 수업

8

늑대처럼
읽기 훈련을 해라

부모가 책을 읽으라고 하면 아이들은 순식간에 "다 읽었어."라고 말한다. 한데 읽은 내용을 말해보라고 하면 영 시원치 않다. 그래서 엄마들이 보기에 '우리 아이는 책을 많이 읽는데 줄거리는 잘 말하지 못하는' 이상한 현상이 나타난다.

이럴 때 아이가 책 읽는 소리에 귀를 기울여야 한다. 읽는 소리를 들으면 읽기 수준을 알아차릴 수 있기 때문이다. 물 흐르듯 막힘이 없이 읽는지, 그렇지 않고 더듬거리는지를 살펴보자. 만약 아이가 책을 읽다가 자꾸 막히고 더듬거린다면 아이는 아직 읽기 연습이 부족한 상태인 것이다.

가장 효과적인 읽기 훈련법

아이의 읽기가 서툴다고 판단되면 먼저 확인해볼 것이 있다. 부모가 책 읽어주는 소리를 아이가 충분히 들었는지 자문해봐야 한다. 혹시 아이가 스스로 읽을 수 있다고 믿고 읽어주기를 멈추었는지도 돌아봐야 한다. 만약 그렇다면 다시 읽어줘야 한다. 거듭 말하지만 유창하게 읽지 못한다는 것은 책에 담긴 어휘나 표현이 낯설다는 뜻이다. 책을 읽을 때 어려운 낱말이나 문어적 표현에 신경을 쓰느라 내용 이해에 집중하지 못하는 단계다. 그래서 무얼 읽었는지 말하기 어려워하는 것이다.

아이들의 읽기는 부모가 읽어줘야 이해가 더 잘 되는 단계에서 차츰 아이가 혼자 읽어도 내용이 이해되는 단계로 나아간다. 이 과정은 부모들이 생각하는 것보다 오랜 시간이 걸린다. 《독서교육, 어떻게 할까?》에서 김은하는 글을 읽는 동시에 내용을 이해하는 수준에 이르려면 초등학교 6년이라는 긴 시간이 필요하다고 말한다. 다시 말해 중학생이 될 무렵에야 책을 읽고 이해하는 능력이 제대로 정착된다는 뜻이다.

초보 독자에게 가장 효과적인 읽기 훈련은 먼저 부모가 읽어주는 소리를 듣고 다음으로 아이가 소리 내어 읽는 것이다. 아이에게 읽기 연습을 시키기 위해서는 '부모가 읽어주었을 때 이해할 수 있는 수준의 책'을 준비해야 한다. 그래서 부모가 그 책을 먼저 읽어주어 아이가 내용을 이해한 다음 스스로 읽도록 이끌어야 한다. 이 과정을 반복하며 읽기 연습을 한다.

혹은 부모와 아이가 함께 읽기를 해도 좋다. 한 권의 책을 아이와 부모가 번갈아가며 읽는 것이다. 특히 동화책을 읽을 때 등장인물과 배경이 제시되는 앞부분을 부모가 읽어주고 나면 아이는 그 다음부터는 훨씬 수월하게 읽는다. 성인들도 외국 소설을 읽을 때 이국의 낯선 이름들이 등장하면 혼란스럽다. 그래서 인물과 정보를 메모하며 읽기도 한다. 읽다 보면 사건이 무르익고 이야기에 빠져든다. 이쯤 되면 읽으며 메모를 볼 필요도 없다. 아이들도 마찬가지다.

함께 읽기는 아이가 조금 어려운 책을 읽을 경우에도 시도해보면 좋다. 함께 읽기를 하면 아이 혼자 읽는 것보다 훨씬 이해가 쉽기 때문이다.

늑대처럼 읽기 연습을 반복해야

아이가 초등학교 고학년이 되었는데도 책을 건성으로 읽는다고 걱정하는 부모들이 많다. 건성으로 읽는다는 말에는 아이가 책의 내용을 제대로 파악하지 못한다는 뜻이 담겨 있다. 또 대충 보거나 건너뛰며 읽는 것이 버릇이 되었을 수도 있다. 혹은 아직 내용에 집중할 만큼 충분히 읽기 연습이 이뤄지지 않은 탓일 수도 있다.

베키 블룸의 《난 무서운 늑대라구!》라는 그림책이 있다. 출간된 지 오래되었고 그림이나 전개가 투박하지만 독서교육의 관점에서는 흥미로운 책이다. 하루는 늑대가 마을에 갔는데 돼지며 오리며 젖소가 무서워하기는커녕 아는 척도 하지 않는다. 모든 동물들이 책을 읽느라 정신이 팔린 탓이다. 늑대는 화가 나고 대체 책이 뭘까 궁금하기도 했다. 그래서 자기도 책을 읽겠다고 결심한다.

학교에 가서 글을 배워 의기양양해진 늑대는 농장 동물들 앞에서 큰 소리로 책을 읽는다. "뛰… 어… 라, 느으대야! 뛰어라! 늑… 대… 가 뛰… 는… 것…을 보… 아라." 글은 익혔지만 늑대는 아직 떠듬떠듬 책을 읽는다. 이 모습을 본 오리는 "너 한참 더 배워야겠어."라고 핀잔을 준다. 부끄러워진 늑대는 이번에는 도서관으로 간다. 도서관에서 책을 읽고 또 읽은 후 다시 동물들에게 읽기를 뽐낸다. "옛날옛날에아기돼지세마리가살고있었습니다. 하루는엄마돼지가아기돼지들을불러놓고말했습니다." 처음보다 많이 좋아졌지만 아직 어디서 숨을 골라야 할지 모르는 늑대는 읽기 연습이 더 필요했다.

외국어를 공부할 때 어디서 끊어 읽어야 하는지를 알려면 많이 연습해야 한다. 어른들이 외국어를 배울 때처럼 아이들 역시 유창하게 읽기 위해서는 늑대처럼 읽기 연습이 필요하다.

반려동물과 함께하는 책 읽기 훈련

《선생님, 기억하세요?》는 고마운 선생님에 관한 추억을 담은 그림책이다. 이 그림책을 읽다가 나는 무릎을 쳤다. 아주 중요한 읽기 훈련 방법이 담겨 있기 때문이다.

그림책 속의 소녀는 말썽쟁이다. 말도 없이 사라져서 선생님을 곤란에 빠트린다. 읽기도 서툴다. 하지만 선생님은 소녀를 포기하지 않는다. 금요일 오후면 선생님은 아이들을 모아놓고 소리 내어 책을 읽어준다. 그러고 나면 아이들이 앞으로 나와 책을 읽는다. 소녀는 선생님이 읽어주는 이야기를 듣는 것은 좋지만 자기가 앞에 나가 큰 소리로 읽는 건 싫다. 책을 읽으면 자꾸 혀가 꼬였기 때문이다. 그래서 읽기 차례가 되면 언제나 딴청을 부렸다. 선생님은 소녀에게 학교 텃밭을 일구고 씨를 뿌려 싹이 나기까지의 과정을 상기시키며, 읽기도 그만큼 시간이 걸린다고 말해준다. 그러며 집에서 키우는 고양이에게 매일 책을 읽어주면 어떻겠냐고 제안한다.

읽기가 서툴 때는 소리 내어 읽는 게 좋지만, 아이들은 잘 따라하지 않는다. 혼자서 읽을 때는 잘할 수 있는데 부모나 선생님 앞이라면 긴장한 탓에 자꾸 말이 꼬이기 때문이다. 조금만 실수해도 엄마 아빠가 못 참고 참견을 하니 소리 내어 읽기가 더욱 싫어진다. 이런 경험이 몇 번 쌓이면 아이는 절대로 부모 앞에서 소리 내어 읽지 않는다. 이때 독서교육 전문가들이 권하는 방법 중 하나가 아이가 좋아하는 인형이나 동물에게 소리 내어 읽어주는 것이다.

영국에서는 아이들을 보고 짖거나 물지 않도록 훈련된 개들에게 책을 읽어주는 'read to dog' 프로그램을 학교와 도서관에서 시행하고 있다. 이 방법은 장점이 많다. 이 경우 아이들은 틀리면 어쩌나 하는 두려움 없이 마음 편히 읽을 수 있다. 아이들의 자존감을 높이고 읽기에 자신감을 갖도록 도울 수 있다. 또 책 한 권을 다 읽었다는 성취감을 느낄 수 있어서 개에게 읽어줄 때 평소보다 더 오랜 시간 읽는 경우가 많다고 한다. 심지어 아이들이 책을 읽어줄 때 개들도 두려움이나 스트레스가 줄어든다고 한다. 반려동물에게 책 읽어주기는 아이들에게 동기부여도 되고 무엇보다 재미를 준다. 읽기의 순수한 즐거움과도 맞닿아 있다.

그런데 책 읽기를 꺼리던 소녀는 어떻게 되었을까. 그림책을 통해 만나보시길. 이 책을 읽어주고 나서 반려동물 혹은 아끼는 인형에게 소리 내어 읽어주기를 제안해본다면 더욱 좋겠다.

9

전집과 단행본,
어떤 것이 더 좋을까

운동을 하겠다고 마음먹으면 운동화나 운동복부터 사들인다. 공부를 해야지 마음먹으면 노트나 펜을 구입한다. 필요하기는 하지만 본질이 아니라 엉뚱한 데 힘을 쏟는 것이다. 부모들도 아이에게 책을 읽혀야지 하고 마음먹으면 일단 전집부터 산다. 인터넷 카페에 가면 "일곱 살 남자아이인데 어떤 전집이 좋을까요?" 같은 질문들을 흔하게 만날 수 있다. 이런 방법으로 평판이 좋은 전집을 골라 집에 들인다.

전집은 장점이 많다. 아이가 어릴 때는 함께 서점에 가는 것도 큰 일이다. 이럴 때 집에 전집이 있으면 서점에 가서 책 사느라 번잡

할 일도 없고, 읽어줄 책이 부족하지도 않다. 전집은 연령별, 영역별로 잘 구성되어 다양한 분야를 골고루 접할 수 있다.

이 중에서도 전집을 선호하는 가장 큰 이유는 아이들이 읽을 만한 책을 낱권으로 고르는 수고를 덜어주기 때문이 아닌가 싶다. 책은 읽어보기 전에는 좋다, 나쁘다 평가하기 어렵다. 나 역시 20년 넘게 어린이 책을 읽어왔지만 돌아서면 아직 읽지 않은 책, 아직 모르는 책투성이다. 부모들은 오죽할까. 그러니 가장 손쉬운 방법이 전집으로 책을 사는 것이다. 한 권씩 골라서 아이의 독서 수준에 맞는 책을 언제 다 찾을 것인가. 그러니 전집을 사는 것이 가장 수고를 줄이는 방법이다. 그러나 가장 옳은 방법은 아니다. 책 읽기에서는 특히 쉽게 얻은 것은 쉽게 사라지는 법이다.

스스로 책을 고르는 경험이 필요하다

골고루 책을 읽히려고 전집을 들여놓아도 결과는 기대와 다르다. 아이들은 좋아하는 책 몇 권만 반복해서 읽는다. 그러면 엄마들은 꾀를 낸다. 전집에서 이미 읽은 책을 거꾸로 꽂아두는 거다. 같은 책만 읽는 것을 막기 위해서다. 혹은 아이가 책을 고르지 못하게 하고 엄마가 1번부터 끝까지 차례대로 읽어준다. 앞에서 강조한 자발적 책 읽기, 재미난 책 읽기에 반하는 것이다. 이렇게 갖은 방법을 써도 전집에서는 읽지 않은 책이 나온다. 아이가 크면 몇 번 들춰보지 않은 전집을 이웃에게 물려주거나 중고로 내놓게 된다.

수고스럽더라도 아이와 함께 서점에 가서 혹은 도서관에 가서 책을 골라야 한다. 책을 고른다는 행위에는 전집으로 책을 안겨주었을 때는 결코 할 수 없는 귀한 경험이 담겨 있기 때문이다. 아이가 평생 책을 즐기는 사람이 되기를 원한다면 책을 고르는 과정을 반드시 경험하게 해야 한다. 이런 훈련은 어린 시절부터 시작되어야 한다. 그래서 아이가 혼자 읽기 시작했다면 정기적으로 책방 나들이를 하면 좋겠다. 책방에 가면 잊지 말고 꼭 아이가 직접 고를 수 있는 기회를 주도록 하자.

아이의 독서 취향을 인정하자

대형 서점에 가면 부모와 아이가 어떤 책을 살 것이냐를 두고 실랑이를 벌이는 모습을 흔하게 볼 수 있다. 아이는 자기 맘에 드는 책을 사겠다고 고집을 부린다. 부모가 보기에는 그 책은 턱없이 조악하다. 그런 책이라면 집에도 이미 몇 권이 있다. 그런데 또 사겠다니 돈이 아깝다. "그런 책 집에 있잖아. 그거 말고 다른 책 사." 하는 거다. 비슷한 경험이 반복되면 아예 대놓고 부모 마음대로 아이 책을 산다. 아이도 서점에 가봤자 엄마 아빠 마음대로 책을 사니 재미가 없다.

초등학교 시절 내내 아이가 사고 싶어 하는 책은 부모 마음에 들지 않는다. 우리 아이만 그런 게 아니라 그 또래 아이들의 취향이 다 그렇다. 그럼에도 불구하고 부모는 서점에서 아이가 책을 고르고 살 기회를 주어야 한다.

편집자로 일하다 독서교실에서 아이들과 책을 읽은 경험을 《어린이책 읽는 법》으로 펴낸 김소영은 이렇게 말한다. "어린이의 취향을 인정해줘야 한다." 어린이라는 이유로 원치 않은 책을 읽어야 할 이유는 없으며, 독서가 즐거우려면 자신이 원하는 책부터 읽어야 한다는 뜻이다. 독서교육 전문가 김은하는 "전집의 장점은 많다. 하지만 한 가지 단점이 있다. 낱권으로 구매할 수 없다는 것이다."라고 말한다. 그만큼 독서교육에서 책을 스스로 선택하는 일은 중요하다. 자신의 관심사에 따라 혹은 좋아하는 작가의 책을 한 권씩 사며 책 읽는 즐거움을 발견해가는 과정을 통해 책을 좋아하는 사람으로 성장해간다.

성인이 되어도 무슨 책을 읽어야 할지 모르는 사람들이 많다. 이들은 자기에게 필요한 책을 스스로 고른 경험이 드물다. 우연히 어떤 책을 읽고 그 책이 내어주는 길을 통해 다른 책으로 나아가본 경험이 없는 사람들이다. 이래서는 책을 즐기는 사람이 되기 어렵다. 이런 훈련은 어린 시절부터 시작해야 옳다. 아이들이 책을 통해 얻는 것은 지식만이 아니다. 내가 읽고 싶은 책을 내 돈 주고 사는 경험도 쌓아야 한다. 엄마가 읽으라고 사준 책이 아니라 돈을 내고 내 책을 사는 과정에서 아이들은 책과 특별한 관계를 맺는다. 많은 책벌레들이 돈을 내고 처음 내 책을 갖게 된 순간을 소중하게 기억한다.

그래서 독서교육에는 자기가 읽을 책을 스스로 고르는 훈련이 포함되어야 한다. '이런 책을 골랐더니 재미있구나.', '이 작가의 책은 웃기다.' 같은 경험이 쌓여야 스스로 책을 고를 수 있는 성숙한 독자로 자라난다. 이 과정에서 나와 맞지 않는 책 혹은 재미없는 책을 고를 수도 있다. 돈이 아까울 수 있지만 이런 경험이 쌓여야 자신에게 필요한 책을 고르는 힘이 생긴다. 미술평론가 손철주 선생에게 "그림 공부를 하는 가장 좋은 방법이 무언가요?" 하고 물은 적이 있다. 그는 "돈 내고 그림을 사라. 그보다 더 좋은 공부는 없다."라고 답해주었다. 책도 마찬가지다.

2부

우리 아이 책 읽기,
이대로
괜찮을까?

1

책 읽기에
관심이 없어요

아이가 틈만 나면 컴퓨터 앞에 앉으려 든다. 엄마는 이런 아이를 보고 "그럴 시간에 책 좀 읽어라."라고 한마디 한다. 그 랬더니 엄마가 왜 저런 말을 하는지 정말 모르겠다는 듯이 아이가 "책을 왜 읽어야 해?" 하고 반문한다. 엄마는 순간 어처구니가 없고 말문도 막힌다. 이럴 때 할 말이 빈곤한 엄마는 "숙제는 다했어?" 같은 말로 아이를 채근한다. 정말로 아이는 책 같은 건 읽을 필요 없다고 생각하는 걸까.

하긴 책보다 재미난 것이 세상에는 너무 많다. 인터넷과 유튜브 에서 필요한 정보는 물론이고 오락거리도 충분히 즐길 수 있다. "책 좀 읽어라."라는 잔소리는 마치 아이들에게 외계어처럼 들릴지 모른다.

아이가 초등학생이 되었는데도 게임이나 장난감 같은 것에만 정신을 팔면 엄마는 조바심이 난다. 친구 엄마들에게 정보를 얻거나 인터넷 커뮤니티에서 추천받은 전집을 사주기도 한다. 그렇지만 아이는 쉽게 달라지지 않는다.

책이 싫은 아이에게 가장 필요한 것

아이가 책에 전혀 관심이 없다면 아마도 지금껏 책이 재미있다는 경험을 하지 못했을 수 있다. 이 경우 아이에게 가장 필요한 것은 책이 재미있다는 긍정적 경험이다. 만약 부모가 아이에게 지속적으로 책을 읽어준 경험이 없다면 일정한 시간을 정해 책을 읽어주는 일부터 시작해야 한다. 혹은 어릴 때 아이에게 그림책을 충분히 읽어주었는데 학교에 가니 책 읽기를 싫어하거나 지겨워할 수 있다. 후자의 경우라면 아이가 어떤 책을 어떻게 읽고 있는지를 살펴야 한다. 이제 1학년이니까, 혹은 곧 초등학교에 입학하니까 아이에게 수준 있는 책이 필요하다고 생각하지는 않았는지 되돌아봐야 한다.

초보 독서가에게는 '피가 되고 살이 되는 좋은 책'보다 더 중요한 것이 있다. 책이 재미있다는 느낌이다. 그러니 부모도 아이에게 공부에 도움이 되는 책 혹은 좋은 책을 읽혀야겠다는 강박을 잠시 내려놓아야 한다. 대신 최근에 아이가 재미있게 읽은 책이 무엇인지 떠올려야 한다. 어쩌면 아이의 눈은 《엉덩이 탐정》에 가 있는데 부모는 자꾸 《마당을 나온 암탉》 같은 수준 높은 동화를 읽어주었던 것은 아닌지 되짚어보아야 한다. 아이가 좋아하는 책이 마땅히 떠오르지 않는다면 요즘 가장 열중하는 관심사가 무엇인지를 생각해보면 된다. 부모가 일단 이 두 가지를 안다면 책 읽기를 어떻게 시작해야 할지 길을 찾을 수 있다.

《어린이책 읽는 법》을 쓴 김소영은 독서교실에서 아이들과 처음 만날 때의 경험을 흥미롭게 들려준다. 그이는 처음 독서교실에 오는 어린이들에게 가장 좋아하는 책 또는 싫어하는 책을 한 권 가져다달라고 부탁한다. 아이가 어떤 책을 좋아하는지를 파악하기 위해서다. 5학년 남자아이가 게리 폴슨의 《손도끼의 겨울 이야기》를 가져왔을 때의 일이다. 남자아이는 아빠가 읽으라고 해서 억지로 읽고 있는데 무슨 말인지 이해할 수 없어서 정말 재미없다고 툴툴거렸다. 게리 폴슨은 훌륭한 청소년 문학작품을 발표한 작가다. 아이가 이 책을 싫어하는 데는 이유가 있었다. 《손도끼의 겨울 이야기》가 《손도끼》라는 작품의 후편인데 아이는 전편을 읽지 않았고, 아직 5학년인 이 아이가 읽기에는 수준이 높은 것도 문제였다. 아이의 아빠는 신문에서 이 책을 추천한 걸 보고 아이에게 권했다.

아빠는 추천받을 만큼 좋은 책이니 읽으라고 했지만 정작 본인이 읽어보지도, 아이의 읽기 수준을 파악하지도 못했다.

좋은 책이라고 해서 모든 아이가 잘 읽을 수 있는 것은 아니다. 아이의 수준에 맞지 않다면 아무리 좋은 책도 무용지물이다. 결국 아이가 좋아하는 '비밀을 파헤쳐가는 이야기'에 적합한 추리소설을 추천해주었더니 단번에 읽어냈다. 어른들도 영화나 드라마를 볼 때 친구들이 '재미있다'고 말해주면 믿고 본다. 세상에서 가장 재미있는 영화는 이름 있는 평론가가 추천한 영화가 아니다. 나와 취향이 비슷한 친구가 추천한 영화다. 책도 마찬가지다. 부모나 교사가 권하는 책 말고 아이들이 좋아하는 책이 있다. 아이가 좋아하는 책이 저급해 보일 수 있다. 안 읽어도 그만인 책들이라 구태여 사주기도 아깝고 읽을 필요가 있나 싶을 수 있다.

그러나 아이들이 책과 친해지려면 우선 책이 재미있다는 걸 스스로 느껴야 한다. 독서교육에서는 첫째도 재미, 둘째도 재미다. '지금껏 몰랐는데 책이 재미있구나.' 하고 스스로 느끼면 아이들의 독서는 몰라보게 성장한다. '아이가 재미있는 책만 읽어 걱정'이라거나 '이런 책이 아이에게 도움이 될까' 싶은 근심일랑 잠시 접어두자. 초보 독자들은 책이 재미있어야 앞으로 나아갈 수 있다. 깊이 있는 독서는 책의 재미를 느낀 이후에야 시작된다.

책을 읽히려면 축구 선수를 불러라?

전 세계적으로 아이들이 책으로부터 멀어지는 추세다. 그러다 보니 나라마다 다양한 읽기 프로그램으로 독서를 장려한다. 영국에서 시행한 '읽기 챔피언reading champions'은 책 읽기를 강요하기보다는 아이들의 발달 특성이나 관심사에 맞게 독서를 유도하는 것이 효과가 있다는 사실을 잘 보여주는 사례다. 남자아이들을 위해 고안된 이 프로그램은 김은하의 《영국의 독서 교육》에 소개되어 있다.

여자아이들에 비해 남자아이들의 읽기는 뒤처지는 경우가 많다고 여겨진다. 책을 많이 읽는 층에 속한 남자아이들은 여자아이들보다 더 많이 읽는다. 하지만 그 외 다수의 남자아이들은 여자아이들보다 책을 적게 읽는다. 이런 현상이 나타나는 데는 이유가 있다. 남자아이들은 은연중에 책을 읽는 정적인 활동은 남자답지 못하다고 여긴다. 실제로 유명한 그림책 작가 토미 드 파올라는 읽기와 그리기를 좋아했던 어린 시절 '계집애 같다'는 놀림을 받았다고 한다. 훗날 그는 이 에피소드를 그림책으로 만들기도 했다.

남자아이들은 몸을 움직이는 활동을 선호한다. 그래서 남자아이들을 위한 독서 프로그램을 만들 때 조용히 앉아서 읽는 것보다는 볼거리가 있거나 좋아하는 분야에 집중할 수 있도록 구성해야 효과가 높다. 예를 들어 남자아이들을 읽기에 참여시키기 위해서는 작가들이 학교로 찾아가 책을 읽어주고 직접 묻고 답하는 활동

중심의 프로그램을 만들어야 한다. 또 직접 도서관이나 서점을 방문하는 등 활동적인 책 읽기를 강조하면 훨씬 더 관심을 보인다.

영국의 '읽기 챔피언' 프로그램에서 가장 흥미로운 대목은 읽기와 축구를 접목한 점이다. 알려진 것처럼 영국 사람들의 축구 사랑은 유별나다. 이런 문화에서 자란 남자아이들 역시 축구를 사랑한다. 그래서 '읽기 챔피언'에서는 남자아이들이 열심히 책을 읽으면 프로축구 선수들이 학교로 찾아오도록 했다. 프리미어리그 축구팀이 학교를 방문해 책 이야기를 나누고 나면 평소 책을 읽지 않던 아이들조차 도서관에서 축구 선수들이 추천한 책을 서로 읽으려고 실랑이를 벌이는 일이 생겨난다.

'읽기 챔피언'을 조금 변형해서 아이의 독서에 활용해볼 수 있다. 아이의 관심사에 맞는 책을 읽어주는 방법이다. 아이들은 몸만 크는 것이 아니라 읽기 능력도 성장한다. 또한 아이의 관심사는 늘 변한다. 절대 한자리에 붙박여 있지 않다. 예컨대 자동차, 기차 혹은 공룡을 좋아하는 아이들이 많다. 공룡을 좋아하는 아이들은 발음하기조차 어려운 공룡 이름을 줄줄이 외우고, 공룡의 생태에 관해서도 훤히 꿴다. 공룡 모형이나 장난감뿐만 아니라 공룡 책도 사달라고 하고 부모에게 계속 읽어달라고 조른다. 부모는 솔직히 이런 아이를 보는 게 놀랍기도 하고 때로는 걱정도 된다. 집이 공룡투성이인데 또 사달라고 할 때마다 한숨도 나온다.

하지만 길게 보면 걱정할 문제가 아니다. 아이가 어떤 관심사에

아홉 살 독서 수업

빠졌다고 해도 길어야 2~3년이다. 만약 평생 공룡을 좋아하는 아이가 있다면 훌륭한 공룡 학자나 작가가 될 수 있을 테다. 어린 시절의 관심사가 어른이 되어서도 이어지는 경우는 드물다. 대개의 아이들은 언제 공룡을 좋아했나 싶게 재빨리 다른 곳으로 관심을 돌린다. 초등학교 저학년이 되면 금세 탐정이나 추리물을 좋아하고, 야구나 축구에 빠져 산다. 여자아이들이라면 10대가 되자마자 좋아하는 연예인이 생기고 온통 그쪽으로 관심사가 쏠린다. 책을 싫어하는 아이들이라도 좋아하는 것은 있다. 그렇다면 그것으로부터 읽기를 시작해야 옳다.

왜 아이들은 똥, 방귀 책을 좋아할까

초등학교에서 책 읽기 봉사를 하는 부모들을 종종 만난다. 산만하기 이를 데 없는 교실에서 책을 읽어줄 때 가장 중요한 것은 아이들이 좋아할 만한 책을 고르는 일이다. 책 읽기 봉사자들이 첫손에 꼽는 책들이 똥, 방귀 관련 그림책이다. 김윤정의 《똥자루 굴러간다》, 후쿠다 이와오의 《방귀 만세》, 보리스 쿨리코프의 《방귀대장 조》 같은 그림책들을 실감나게 읽어주면 싫어하는 아이들이 없다.

말이 나온 김에 아이들이 똥이나 방귀 이야기를 왜 좋아하는지 이해한다면 이런 책을 읽어주는 데 좀 더 도움이 될 테다. 한마디로 아이들이 이런 이야기를 좋아하는 건 어른들이 싫어하기 때문이다. 엄마들은 아이가 똥이나 방귀란 말을 꺼내면 더럽다고 질색한다. 아이들은 엄마의 이런 반응을 보고 도리어 좋아한다. 엄마가 질색할수록 아이는 똥이나 방귀가 자랑이라도 되는 듯 신이 나서 얘기한다.

아이들은 어른들이 만들어놓은 질서 속에 산다. 마음대로 할 수 있는 것이 그리 많지 않다. 부모는 아이들이 아직 어리니까, 할 수 있는 게 없으니까 다치지 않게 하려고 돌보는 거라지만 금지를 당하는 아이들 입장에서는 답답하다. 그러다 아주 가끔 어른의 질서가 깨질 때가 있다. 아이들이 방귀나 똥 이야기를 할 때다. 어른들은 이때 주춤하고 뒤로 물러난다. 아이들은 어른들이 뒷걸음친 그 공간에서 잠시나마 통쾌함과 해방감을 느낀다. 신나지 않을 수 없다. 방귀나 똥을 소재로 한 책들의 가장 중요한 임무는 아이들에게 자유와 해방감을 안겨주는 것이다. 어른들이 드라마나 소설을 보며 울고 웃는 사이 세상 근심을 잊듯이, 아이들에게 똥과 방귀 이야기는 평소에 꿈꿀 수 없는 카타르시스를 선사한다. 그러니 재미있을 수밖에 없다.

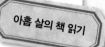

 ## 똥자루 굴러간다

김윤정 글그림, 국민서관

아이들이 좋아해서 읽어주긴 하는데 실은 엄마들이 거북스러워하는 책이다. 그림책을 펼쳐보면 그 이유를 알 수 있다. 무식할 정도로 크게 그려진 똥자루 때문이다.

하루는 대장이 길을 가다가 어마어마한 똥자루를 발견한다. 이렇게 큰 똥을 눈 사람이라면 풍채 좋은 남자고 훌륭한 장수일 거라고 생각한다. 대장은 병사들에게 똥자루의 주인을 찾아오라고 시킨다. 예상치 못한 설정으로 성별에 대한 기대와 역할에 의문을 제기하는, 한마디로 고정관념을 뒤집는 책이다.

그런데 아이들에게 중요한 것은 의미가 아니라 똥자루다. 특히 "거뭇거뭇 수박씨랑 동글동글 콩나물이 박힌 것이 아무리 봐도 사람 똥인 거야."라는 대목에 그려진 거대한 똥자루는 압권이다. 그림을 본 엄마들은 똥 냄새가 나는 것 같고 속이 메슥거려 책장을 덮을 수밖에 없었다고 고백한다. 하지만 아이들은 엄마의 이런 반응마저 신나 한다.

방귀 만세

후쿠다 이와오 글그림, 김난주 옮김, 아이세움

아이들이 학교생활을 시작하면 별명이 생긴다. 주로 아이의 버릇이나 단점, 이름에서 별명이 생긴다. 수업 시간에 똥이 마려워 화장실에라도 몇 번 가면 대번에 '똥대장' 같은 별명이 붙고, 방귀를 몇 번 뀌면 '뿡뿡이'가 된다. 방귀는 자연스러운 생리 현상인데 방귀 때문에 놀림을 당하면 아이들은 긴장하고 방귀를 참느라 애쓴다.

《방귀 만세》에서 공부도 잘하고 다소곳한 여자아이 요코는 그만 방귀를 뀌었다. 한데 남자아이 데츠오가 큰 소리로 말해버렸다. "요코가 방귀를 뀌었어요!" 교실에 이 말이 퍼지자마자 요코는 부끄러워 엎드려 울고 사태를 수습하고자 선생님이 나선다.

'밥 먹을 때나 엘리베이터 안에서 방귀를 뀌는 건 곤란하지만 대변, 소변, 방귀는 하고 싶을 때 하는 것이 몸에 가장 좋다. 다시 말해 똥, 방귀, 오줌은 우리가 살아 있다는 건강한 신호다.'라고 선생님은 설명한다. 아이들은 기회는 이때다 싶어 꼬리에 꼬리를 물고 선생님에게 방귀에 대해 질문한다. 아이들과 선생님의 이야기가 우스워 요코는 울음을 멈추고 선생님의 말에 귀를 기울인다. 킥킥거리며 방귀 책을 읽은 다음 슬쩍 가르침도 전하고 싶다면《방귀 만세》같은 책이 제격이다.

아홉 살 독서 수업

노랑각시 방귀소동

김순이 글, 윤정주 그림, 길벗어린이

우리 옛이야기 중에도 방귀를 소재로 한 것들이 있다. 특히 갓 시집온 며느리를 방귀쟁이로 설정한 이야기는 여러 버전으로 전해내려온다. 며느리를 방귀쟁이로 만든 이유는 뭘까. 옛날에 갓 시집온 며느리는 집안에서 가장 약자였다. 시댁 식구들이 얼마나 어려웠겠나. 그런데 언감생심 방귀라니. 꿈에서도 방귀는 안 된다. 하지만 모든 금지된 것은 문제를 낳는다.

《노랑각시 방귀소동》에 등장하는 며느리는 얼마나 방귀를 참았는지 얼굴이 노랗게 되었다. 그래서 노랑각시다. 노랑각시가 참고 참았던 방귀를 뀌니 돌절구가, 집에서 기르는 닭, 돼지가 날아간다. 옛이야기 그림책이 재미난 점 중 하나는 과장이다. 방귀 소리나 세기를 이렇듯 한껏 부풀리는 데는 이유가 있다. 방귀는 감추고 숨기고 싶은 부끄러운 것이다. 한데 과장된 방귀 이야기는 해학의 소재가 된다. 방귀 때문에 곤란한 일을 겪었더라도 이야기를 읽는 동안 카타르시스를 느끼기에 충분하다. 이것이 옛이야기의 힘이다.

방귀대장 조

캐슬린 크럴·폴 브루어 글, 보리스 쿨리코프 그림, 다산기획

방귀를 마음대로 뀌는 재주로 방귀대장이 되고 급기야 스타가 된

다면 어떨까. 말도 안 되는 상상 같지만 이런 사람이 진짜 있었다. 《방귀대장 조》는 1857년 프랑스 마르세유에서 태어난 실존 인물 조셉 푸졸의 이야기를 담은 그림책이다. 자기 마음대로 방귀 소리를 낼 수 있었던 조는 파리의 물랭루즈에서 방귀 공연을 하며 일약 스타가 된다. 당시는 엄격하기로 유명했던 빅토리아 시대였다. 겉으로는 점잔 빼고 고상한 척하던 시절, 대놓고 방귀를 뿡뿡뿡 뀌어대는 '방귀대장 조'가 등장하자 사람들은 민망해하면서도 환호했다. 마치 아이들이 방귀 책에 환호하듯 말이다. 방귀대장 조의 유명세가 얼마나 대단했던지 발명왕 에디슨이 그의 공연을 촬영해 영상으로도 남겼다.

방귀 책을 읽을 때 묘미 중 하나가 따라하기다. 책을 읽으며 "땅땅~ 뿡~" 하는 총소리 방귀, "멍멍~ 뿡~" 하는 동물 소리 방귀 등을 흉내 내보자. 그것만으로도 충분한 책 놀이가 된다.

 ## 똥벼락

김회경 글, 조혜란 그림, 사계절

《똥벼락》은 옛사람들이 똥을 어떻게 생각했는지를 잘 보여준다. 돌쇠 아버지는 집 밖에 나갔다가 배가 '꾹, 꾸르르륵!' 하고 똥이 나오려고 하면 '싸서라도 가져가려' 한다. 지금은 상상이 안 되지만, 옛날 사람들은 똥이 마려우면 아까워 얼른 집에 와서 누었다. 똥 이야기에서 빼놓을 수 없는 것이 똥이 거름이 되는 순환에 관

아홉 살 독서 수업

한 이야기다. 《똥벼락》은 인간과 자연의 순환에 관한 이야기를 담은 '똥' 책이다.

옛이야기는 전통 사회를 배경으로 하기에 '머슴'이나 '새경'처럼 아이들이 이해하기 어려운 단어나 상황이 나온다. 이럴 때는 아이들이 이해할 수 있는 수준에서 간단히 설명하면 된다. 아이가 이 책을 재미있어 했다면 함께 관련 책을 찾아보거나 박물관을 방문하는 기회로 삼으면 더 좋다.

 ## 대단한 오줌싸개 대장

로버트 먼치 글, 마이클 마르첸코 그림, 김은영 옮김, 다산기획

로버트 먼치는 《종이 봉지 공주》 등으로 국내에서도 유명한 작가다. 이 그림책은 작가가 오줌싸개 아들 때문에 괴로웠던 경험을 바탕으로 쓰였다.

앤드류는 엄마 아빠가 "쉬~" 하자고 하면 오줌이 안 마렵다며 고집을 피운다. 그러고는 금방 오줌이 마렵다고 난리다. 그것도 꼭 오줌을 누기 어려운 장소나 상황에서 반복되는 앤드류와의 오줌 전쟁이 재미를 더한다. 난감한 상황에서 오줌이 마려웠던 경험은 누구나 해봤을 것이다. 혹 비슷한 경험이 있는 아이들이라면 더 재미있어 할 책이다. 그리고 그림책을 읽고 나면 알게 된다. 잠들기 전에 '쉬' 해야 한다는 걸.

오줌이 찔끔

요시타케 신스케 글그림, 유문조 옮김, 스콜라

국내에서도 사랑받는 요시타케 신스케의 그림책이다. 아이는 오줌을 눌 때마다 팬티에 묻힌다. 주의를 하는데도 잘 고쳐지지 않는다. 아이는 분명히 자기 말고도 오줌을 눌 때마다 찔끔하고 새는 사람이 더 있을 거라고 생각하고 찾아 나선다. 요시타케 신스케의 다른 그림책들도 그렇지만 이 책 역시 웃다 보면 어느새 생각할 거리를 만나게 된다. 처음에는 오줌싸개 이야기인가 싶지만 사람은 누구나 자기만의 불편함과 걱정거리가 있다는 메시지를 전한다. 어린이뿐 아니라 어른들까지 요시타케 신스케의 그림책을 좋아하는 데는 이유가 있다.

2

추천도서를
거부해요

어린이들에게 추천도서 혹은 필독서가 필요한가 혹은 그렇지 않은가에 대해서는 항상 논쟁이 있어왔다. 이 자리에서 그 논쟁을 이어갈 생각은 없다. 다만 추천도서 목록은 아이가 아니라 부모에게 더 긴요하다는 사실을 강조하고 싶다.

세상에 책은 너무 많고 부모는 어떤 책을 골라야 할지 막막할 때가 많다. 그러니 부모가 전문가 혹은 믿을 만한 단체에서 고른 추천도서 목록을 참고하면 수고를 덜 수 있다. 다만 이 목록을 무턱대고 아이에게 내밀면 곤란하다. 세상에서 내 아이를 가장 잘 아는 건 부모다. 그러니 부모가 먼저 추천된 책을 살펴보고 아이가 좋아할 만한 책을 골라 읽어주거나 권하는 것이 바람직하다. 이런 과정을 생략하니 추천도서를 두고 아이와 부모 사이에 실랑이가 벌어지는 것이다.

초등학교에 입학하고 나면 상황은 좀 더 심각해진다. 학교에서 권장도서 목록이 나오기 때문이다. 선생님에 따라 권장도서를 활용하는 방법은 다르다. 권장도서들을 학급문고로 만들어 아이들이 스스로 찾아 읽도록 자율에 맡기는 교사도 있고, 1년 동안 모든 책을 읽고 독서장에 기록해야 한다고 숙제를 내는 교사도 있다. 어떤 경우라도 부모가 학교에서 정한 권장도서를 무시하기는 쉽지 않다. 아이가 저학년일 때는 학부모들끼리 자주 만나니 자연스럽게 다른 아이와 비교도 하게 된다. 1학기도 다 안 지났는데 아이의 친구들은 권장도서를 벌써 다 읽었다는 걸 알면 마음이 급해지고 아이에게 짜증이 나기도 한다. 부모가 서두를수록 아이들은 권장도서를 더 싫어하게 된다. 부모와 아이가 권장도서를 읽네, 마네 다툼을 벌이다 보면 아이는 책에서 더 멀어진다.

골고루 읽어야 똑똑해진다는 생각을 버려라

아이가 권장도서 목록을 받아 왔다면 부모가 먼저 어떤 책이 추천되었는지 살펴봐야 한다. 인터넷 서점에서 검색해보면 책 표지와 대략의 내용도 알 수 있다. 구태여 살피라고 권하는 것은 권장도서 목록에 어떤 책이 있는지를 아는 것부터가 독서교육의 시작이기 때문이다.

권장도서 목록은 당연히 한 학년 동안 아이들이 배워야 할 교과과정과 연계하여 책을 선정한다. 초등학교 1학년은 국어, 수학 그리고 통합교과(봄, 여름, 가을, 겨울)를 배운다. 교과 내용과 어울리는 책들이 권장도서에 포함되기 마련이다.

만약 아이가 권장도서를 싫어한다면 목록을 살피는 것만으로 두 가지 단서를 얻을 수 있다. 권장도서 목록을 꾸릴 때 교과와 연관 짓다 보니 재미가 덜한 책이 포함되기 마련이다. 이것이 원인일 수 있다. 또 같은 초등학교 1학년이라고 해도 아이들은 저마다 읽기 수준이 다르다. 그러나 교사가 아이들의 읽기 능력이 어떤지, 좋아하는 주제가 무엇인지까지 일일이 살필 수는 없다. 만약 내 아이가 권장도서 읽기를 거부한다면 이런 이유가 숨어 있는 것은 아닌지 살펴봐야 한다.

책 읽기 교육과 학교 도서관 살리기 운동에 힘쓴 베테랑 교사였고 《책으로 크는 아이들》, 《도란도란 책모임》을 쓴 백화현은 이런 말을 한 적이 있다. "책을 추천할 때 아이들 얼굴이 떠올라야 그 아이에게 필요한 책이 생각나요." 어떤 아이인가에 따라 추천해야 할 책이 달라진다는 뜻이다. 아이마다 좋아하는 책 혹은 적합한 책이 있다.

권장도서 목록은 마치 편식은 절대 안 된다고 금지하는 부모의 마음과 같다. 부모가 아이를 괴롭히려고 콩이며 김치며 나물을 먹으라고 하는 게 아니다. 아이가 건강하기를 바라는 마음에서 골고루 먹이려는 것이다. 권장도서 목록도 비슷하다. 원칙적으로 여러 가지 주제를 담은 동화와 논픽션을 고르게 읽는 게 바람직하다. 하지만 아직 읽기가 능숙하지 않고 특히 권장도서들을 지겨워하는 아이라면 원칙은 달라져야 한다. 억지로 읽느라 책이라면 진저리를 치게 하느니 잠시 유예 기간을 갖는 편이 좋다. 권장도서 목록을 아이가 강하게 거부한다면 다른 방법을 찾아보아야 한다.

담임교사와 상의를 해서 당분간만 권장도서 말고 아이가 좋아하는 책을 읽고 독서기록장을 써보자. 학부모 입장에서 선생님에게 이런 말을 하기가 쉽지는 않을 것이다. 하지만 아이가 책 읽기를 즐거워하기는커녕 권장도서 목록 때문에 책을 싫어하는 것보다야 낫다. 나 역시 비슷한 경험을 한 적이 있다. 겨울방학 동안 아이는 권장도서 말고 내가 밤마다 읽어준 책들을 독서기록장에 적었다. 매일 잠자리에서 한 권 이상은 읽어주었으니 읽은 책이 꽤 많았다. 아이는 개학 후에 방학 동안 책을 많이 읽었다고 칭찬을 받았다. 책 읽기에서 마법의 힘은 강요보다 이런 칭찬에서 발휘된다.

공감할 수 있는 짧은 동화부터

담임 선생님에게 이런 부탁을 하기가 부담스럽다면 이런 방법을 써볼 수 있다. 적어도 집에서는 아이가 재미있어 하는 책을 읽도록 전폭적으로 지지하는 것이다. 특히 부모가 잠자리에서 책을 읽어줄 때 숙제인 권장도서를 읽어줘서는 안 된다. 잠자리에서 부모가 책을 읽어주는 시간은 정서적 안정감을 주는 소중한 시간이자 부모와 아이가 속 깊은 대화를 나누는 시간이다. 이런 귀중한 시간을 숙제하는 시간으로 바꿔버린다면 아이는 부모가 잠자리에서 책 읽어주는 것도 싫어하게 된다. 이래서는 절대 안 된다. 적어도 잠자리에서는 아이가 좋아할 만한 책을 읽어주자. 엄마가 책을 읽어주는 시간은 여전히 즐겁다고 느끼는 것이 중요하다.

이럴 때 읽어주면 좋은 책은 역시 동화책이다. 아이가 공감할 만한 또래의 일상이나 고민거리를 담아낸 짧은 동화가 적당하다. 혼자 동화책을 읽는 걸 어려워하는 아이라도 부모가 읽어주면 재미있게 듣는다. 동화책을 읽어주라고 하면 부모는 어떤 책을 골라야 하나가 또 고민이다. 저학년 동화를 잘 쓰는 작가들의 책을 고르면 크게 실패하지 않는다. 소설가 심윤경이 은지를 주인공으로 삼아 쓴 《화해하기 보고서》는 엄마와 아이가 함께 읽다 포복절도할 만큼 재미있다. 성인 문학작품을 쓰던 작가는 엄마로서 아이를 키운 경험을 여러 편의 동화에 담아냈는데, 이 중에 《화해하기 보고서》

가 압권이다. 동화 속에서 고집 센 딸과 엄마가 한바탕 일전을 치른다.

유은실의 《나도 예민할 거야》, 《나도 편식할 거야》, 《멀쩡한 이유정》은 읽고 나면 아이들의 마음속에 들어갔다 나온 듯해 때로 먹먹해진다. 특히 똑똑 떨어지는 짧은 문장은 부모가 소리 내어 읽어주기에 제격이다.

김리리 작가의 저학년 동화들도 좋다. 이슬비를 주인공으로 삼은 《엄마는 거짓말쟁이》, 《나는 꿈이 너무 많아》 등은 아이들이 공감할 법한 일상을 이야기로 풀어냈다. 어린아이의 생생한 모습뿐 아니라 중산층의 허위의식에 빠져 있는 엄마의 모습을 있는 그대로 담아낸 것이 묘미다. 아이들이 동화를 읽으며 "우리 엄마도 저렇게 거짓말을 잘 하는데." 하고 카타르시스를 느낄 만하다.

초등학교 교사로 오랫동안 재직한 송언이 쓴 《멋지다 썩은 떡》, 《잘한다 오광명》 같은 단편도 흥미롭다. 초등학교에 입학했다지만 아직 유치원생과 크게 다를 바 없는 초등학교 1~2학년들의 심리와 생활 모습을 사실적으로 그리고 있다. 초등학교 교사로 일하며 10년 넘게 학급일기를 써왔고 그렇게 만났던 아이들의 이야기를 동화에서 잘 풀어냈다.

또 아이들이 좋아할 만한 책이 시리즈 챕터북이다. 장편동화를 읽기 전에 징검다리 역할을 해줄 짧은 동화라고 생각하면 된다. 아직 읽기가 능숙하지 않은 아이들에게 읽어주기 좋은 장르다. 외국에서는 문학성이 높은 장편동화를 쓰는 작가들이 이제 막 글을 배워 혼자 읽기 시작하는 아이들을 위한 챕터북 시리즈를 쓰는 경우가 많다. 《헨쇼 선생님께》를 쓴 비벌리 클리어리도 《라모나는 아빠를 사랑해》, 《라모나는 아무도 못 말려》 등 '라모나' 시리즈와 《집 나온 생쥐 랄프》, 《랄프는 똑똑해》 등 '랄프' 시리즈를 썼다. 독일청소년문학상을 수상한 《오이대왕》의 작가 크리스티네 뇌스틀링거도 《프란츠의 방학 이야기》, 《사내대장부》 등 '프란츠' 시리즈를 썼다. 수지 모건스턴이나 아놀드 로벨 역시 짧은 챕터북 시리즈를 발표했다.

아직 책을 술술 읽지 못하는 아이들에게 시리즈 챕터북이 좋은 이유가 있다. 아이들이 동화를 어려워하는 이유는 인과관계 때문이다. 즉 앞부분에 소개된 등장인물이나 배경에 익숙해져야 뒷부분의 이야기에 몰입할 수 있다. 아이들은 낯선 인물과 새로운 사건이 등장하면 일단 어려워한다. 하지만 시리즈 챕터북에는 동일한 주인공이 등장해 같은 패턴으로 사건이나 모험을 펼쳐간다. 그러니 읽기가 쉽다.

예를 들어 베아트리스 루에의 챕터북에는 솔직하고 엉뚱한 로리타와 공부 잘하는 제니퍼 그리고 남자 친구 올리비에가 늘 등장한다. 학교와 집이 배경이고 캐릭터도 동일하니 아이들은 새로운 등장인물이나 배경에 익숙해져야 하는 부담이 덜하다. 그래서 시리즈 챕터북은 장편동화로 넘어가기 전 읽기 연습을 하기에 좋다.

 ## 머리에 이가 있대요

베아트리스 루에 글, 로지 그림, 최윤정 옮김, 비룡소

세 아이를 둔 엄마이자 작가인 베아트리스 루에는 아이들을 기르며 겪은 일들을 동화의 소재로 삼았다.《머리에 이가 있대요》에서 선생님은 아이들에게 머리에 이가 있는지 묻는다. 아무도 없다는 걸 확인한 선생님은 "아까운데요. 이 있는 사람이 있으면 여러분에게 직접 이를 보여줄 수 있을 텐데."라고 농담 삼아 말한다. 그러자 로리타는 이를 가져다가 선생님을 기쁘게 해드리겠다고 마음먹는다. 로리타가 벌인 해프닝은 어른들에게는 맥락을 이해하지 못한 터무니없는 일처럼 느껴진다. 하지만 아이들은 로리타처럼 엉뚱한 생각을 실행에 옮겨 뜻하지 않은 사건을 일으키기도 한다. 이 책 외에도 로리타가 주인공인 여러 권의 챕터북이 있다.

 ## 멋지다 썩은 떡

송언 글, 윤정주 그림, 문학동네어린이

자녀가 처음으로 초등학교에 입학한 초보 학부모가 있다면, 송언의 책을 읽어보라고 권한다. 아이들이 학교에서 어떻게 지내는지 그야말로 손에 잡힐 듯 그려져 있기 때문이다. 동화 속 털보 선생님은 새 학기 첫날 아이들이 앉아 있는 것만 척 봐도 안다. 누가 말썽꾸러기인지 누가 얌전이인지. 단편 중에 슬비가 썩은 떡이 된 사연은 특히 재미나다. 하루는 슬비가 잘난 체하는 희수에게 수학 문제를 물어봤더니, 바쁘다며 알려주질 않았다. 화가 난 슬비가 "밥 먹을 시간도 빵 먹을 시간도 없이 바쁘냐."고 묻자, 희수가 "떡 먹을 시간도 없이 바쁘다."며 신경질을 부렸다. 이 말에 지지 않고 슬비는 희수에게 "웩! 썩은 떡이나 먹어라."라고 한다. 슬비는 그날부터 '썩은 떡'으로 불리게 된다. 이처럼 초등 1~2학년 교실에서 일어날 법한 에피소드들이 여럿 담긴 단편집이다.

 ## 뺑이오 뺑

김리리 글, 오정택 그림, 문학동네어린이

김리리 작가의 저학년 동화는 마치 옛이야기를 들려주듯 아이에게 읽어주기 좋다.《뺑이오 뺑》의 주인공은 말귀를 잘 못 알아듣는 순덕이다. 순덕이는 "지가 앞으로 잘할게유. 절대로 죽으면 안 돼유!" 하는 식으로 느릿느릿 충청도 사투리를 쓴다. 동화를 읽어줄 때도 이 사투리를 살려 리드미컬하게 읽어보자. 아이가 훨씬 재미있어 한다.

순덕이가 말귀를 잘 못 알아듣는 건 삼신할머니가 귓구멍을 잘못 뚫었기 때문이다. 삼신할머니는 안 되겠다 싶어 "뺑이오" 하는 뺑

튀기 소리로 순덕이 귓구멍을 크게 뚫었다. 한데 이번에는 귓구멍을 너무 크게 뚫는 바람에 순덕이는 동물들의 얘기까지 알아듣는다. 순박하고 착한 사람들의 이야기가 주는 재미를 느낄 수 있는 책이다.

화해하기 보고서

심윤경 글, 윤정주 그림, 사계절

아이들은 크게 둘로 나뉜다. 엄마 말을 고분고분 따르는 아이와 제멋대로 구는 고집쟁이. 《화해하기 보고서》 속의 은지는 자기주장이 강하고 뭐든 제 맘대로 하려고 떼를 쓰는 아이다. 아이가 말을 듣지 않아 엄마는 힘들고 속이 상할 때가 많다. 이렇듯 엄마와 아이가 서로 억울해하는 사연이 동화 속에 담겼다.

초등학교 1학년 은지는 엄마가 회사에서 돌아오자 다짜고짜 내일 학교에 모종을 가져가야 한다고 말한다. 엄마가 서둘러 꽃모종을 사 왔는데, 은지는 그제야 고추 모종이 필요하다고 한다. 엄마는 다시 시장에 가지만 가게는 이미 문을 닫았다. 모종이 없으면 안 된다며 짜증을 부리는 딸을 달래다 화가 난 엄마가 은지를 내복만 입혀 대문 밖으로 쫓아냈다. 하필 그때 같은 반 친구가 이 모습을 보았다. 엄마와 은지는 또 한바탕 다툼을 벌인다. 정말로 우리 집에서 벌어졌을 법한 이야기를 있는 그대로 그려냈다. 고집이 센 딸을 기르는 부모라면 꼭 읽어보길.

나도 예민할 거야

유은실 글, 김유대 그림, 사계절

동화의 주인공은 둘째 정이다. 오빠는 예민한데 둘째 정이는 순하다. 정이는 하루에 똥을 두 번 싸고 밥은 네 번 먹는다. 하지만 오빠는 아무거나 안 먹고 까칠하게 군다. 엄마는 오빠가 예민하다며 오빠만 챙기고 심지어 오빠에게 침대를 사주려고 한다. 이 사실을 알게 된 정이는 '엄마는 오빠만 좋아한다. 신경질쟁이 오빠만 사준다. 나도 예민할 거다. 아무 데서나 잘 자는 딸 안 할 거다.'라고 결심한다. 정이처럼 순하고 아무거나 잘 먹고 잘 자는 아이들도 자기만의 고민이 있다는 걸 알려준다.

언제나 칭찬

류호선 글, 박정섭 그림, 사계절

《언제나 칭찬》의 주인공 토리는 초등학교 1학년이다. 아직 궁금한 게 너무 많고 꾸밈없는 어린아이다. 선생님이 내준 칭찬 숙제 때문에 고민하던 토리는 외할머니에게 무조건 칭찬만 해달라고 부탁한다. 평소 손자의 말이라면 꼼짝도 못하는 할머니는 그러마 하고 약속을 한다. 어차피 할머니가 칭찬을 할 테니 토리는 평소보다 더 게으름을 피운다. 결국 토리는 이상한 칭찬을 받게 된다. 밥 먹기 전에 과자 먹은 걸 칭찬받고, 채소를 먹지 않은 걸 칭찬받고, 휴대전화를 보면서 밥 먹은 것까지 칭찬받았다. 과연 토리는 어떻게 될까.

저학년 아이들은 어른에게 할 말과 안 할 말을 가리고 부모님이나 선생님의 눈치를 보느라 마음이 복잡한 10대가 아니다. 흔히 순진무구하다고 말하는 독특한 세계를 지닌 아이들이다. 마치 토리처럼 말이다. 《언제나 칭찬》은 초등 1~2학년 아이들의 감정과 말투와 생각을 담아낸 동화다.

3

학습만화만
읽으려고 해요

어린이도서관에서 아이들이 가장 많이 모여 있는 곳은 어디일까. 만화책을 꽂아놓은 서가다. 만화책을 도서관에 비치했을 때와 그렇지 않을 때 도서관 이용과 대출 현황을 비교한 연구 결과들은 하나같이 만화책이 있을 때 도서관 이용율이 높다는 사실을 보여준다. 만화책이 있으니 아이들이 도서관에 와야 할 이유가 생기는 것이다.

아이들이 초등학교에 들어가면 또래의 영향을 받아 대부분 만화에 빠지는 시기를 겪는다. 만화책에 대한 인식이 과거와 많이 달라져서 이제는 부모들도 만화를 불량 도서로 여기지 않는다. 그렇지만 아이가 지나치게 만화책만 보면 사정이 달라진다. 부모는 슬금슬금 걱정을 한다. 부모들에게 가장 많이 듣는 질문도 "우리 아이는 만화책만 읽어요. 어떻게 하죠?"다.

만화책이 읽기에 미치는 영향

연구자들이 만화책과 읽기의 상관관계를 조사한 결과를 보면 흥미롭게도 이런 부모의 걱정은 기우에 가깝다. 서던캘리포니아 대학 교육학과 스티븐 크라센 교수가 쓴 《크라센의 읽기 혁명》에서는 특별히 만화책과 읽기의 관계에 대해 따로 한 챕터로 다룬다. 물론 오래전 출간된 책이니 그사이 아이들의 읽기 습관이 혁명적으로 바뀌고 있다는 사실은 감안해야 한다. 그럼에도 특히 크라센 교수가 만화책에 우호적이라는 사실은 눈여겨볼 필요가 있다. 그는 만화책이 아이들의 읽기를 방해하지 않으며 오히려 만화가 가벼운 읽기에서 어려운 읽기로 넘어가는 교량 역할을 훌륭하게 수행한다고 평가한다.

내로라하는 책벌레들의 어린 시절을 살펴봐도, 혹은 내 경험을 되돌아봐도 아이들이 만화책을 보는 것은 장기적으로 볼 때 큰 걱정거리는 아니다. 더 솔직하게 말해서 어린 시절 만화책을 좋아했던 아이가 그렇지 않은 아이보다 책을 더 좋아할 확률도 높다. 크라센 교수가 책을 쓰던 시기와는 비교할 수도 없을 만큼 지금의 아이들은 읽기와 멀어지고 있다. 도리어 게임이 아니라 만화책에 빠져 있는 아이를 칭찬이라도 해야 될 때다. 가벼운 읽을거리라도 손에서 놓지 않는 아이가 그렇지 않은 경우보다 언어 능력도 낫다.

《나미야 잡화점의 기적》을 쓴 소설가 히가시노 게이고의 사례도 결국 같은 이야기를 들려준다. 발표하는 소설마다 큰 인기를 끄는 히가시노 게이고는 믿기 어렵지만 어렸을 때 책 읽기를 싫어하는 아이였다고 한다. 국어 성적이 너무 안 좋아 담임 선생님이 그의 어머니를 불렀다. 선생님은 히가시노 게이고가 만화책만 봐서 그럴 거라고 생각했던 모양이다. 선생님이 어머니에게 "만화책만 볼 게 아니라 책도 읽을 수 있게 집에서 지도해주세요."라고 부탁했다. 그때 어머니가 한 말이 걸작이다. "우리 애는 만화도 안 읽어요." 어머니의 대답을 들은 선생님은 대뜸 "그렇다면 만화부터 시작하는 게 좋겠어요."라고 충고를 했다.

혹시 이원복 교수의 《먼나라 이웃나라》를 기억하는지 모르겠다. 3~40대들 중에는 《먼나라 이웃나라》를 읽으며 지긋지긋한 암기 과목이었던 세계사에 재미를 붙인 이들이 많다.

만화는 글과 그림이 함께 정보를 제공한다. 그래서 글자만 있는 읽기책보다 이해가 쉬워 페이지가 술술 넘어간다. 이처럼 만화는 어떤 주제에 대해 접근성을 높여주고 쉽게 이해하게 해주는 역할을 톡톡히 한다. 한국사나 세계사 혹은 과학처럼 자칫 아이들이 지

루해하고 어려워하는 분야에 관한 책을 처음 읽을 때도 만화는 유용하다.

《먼나라 이웃나라》같은 내레이션 만화가 아니더라도 어릴 때 만화를 좋아하다 결국 책 읽기의 즐거움에 빠져든 사람들은 차고 넘친다. 솔직히 요즘같이 책을 안 읽는 시대라면 만화라도 읽는 편이 훨씬 낫다. 만화를 통해 읽기의 재미를 북돋아줄 수 있다면 현명하게 활용할 필요가 있다.

학습만화, 약일까 독일까

하지만 아이가 만화책만 읽는다면 그것은 문제다. 이때는 부모의 적절한 개입이 필요하다. 아이들이 만화책을 좋아하는 이유는 재미있기 때문이다. 만화는 강력한 스토리와 캐릭터로 이야기를 이끌어간다. 게다가 칸 만화는 그림책보다 훨씬 더 디테일하게 주인공의 감정이나 행동 혹은 배경 등에 대한 정보를 준다. 읽기가 아직 서툰 아이들도 만화라면 이미지의 도움을 받아 빠르게 이해할 수 있다. 그러니 만화책이 훨씬 더 재미있는 것이다. 이렇게 그림이 추가 정보를 제공해주기 때문에 아이들은 만화책을 읽기책보다 훨씬 빨리 읽는다.

아이가 어릴 때 새로 나온《마법천자문》을 사러 대형 서점에 가곤 했다. 아이는 만화책을 계산하자마자 비닐포장을 뜯고 읽기 시작해서 주차장에 도착하면 "다 읽었어."라고 선언해버렸다. 부모로서 허탈하고 돈이 아까울 만큼 아이들은 만화책을 빨리 읽는다. 저학년 아이들이 읽는 학습만화들은 특히 그림도 크고 글자도 많지 않아 앉은자리에서 후딱 읽을 수 있다. 이때 생기는 가장 큰 부작용은 아이들이 책을 건성으로 읽는 버릇이 든다는 것이다. 그렇지 않아도 저학년 아이들은 아직 읽고 이해하는 독해의 과정이 자동적으로 이뤄지지 않는다. 그런데 그림의 도움을 받아 빨리 읽을 수 있는 만화책에 익숙해질 경우 글자를 대충 읽고 건너뛰는 나쁜 습관이 생길 수 있다.

이 때문에 만화책을 부정적으로 보는 입장도 있다. 만화를 읽기 시작하면 정작 읽어야 할 책과 멀어진다며 아예 못 읽게 해야 한다는 주장을 펴는 것이다. 하지만 이제 막 읽기를 시작한 초보 독자라는 전제 아래 만화책의 효용을 살피고 싶다. 만화책은 책이 싫은 아이들을 다시 책으로 불러오는 효과가 있다. 만화책으로 책 읽기가 즐겁다는 경험을 안겨줄 수 있고 이를 잘 활용할 필요가 있다.

또 학습만화는 이용하기에 따라서는 더 깊은 독서를 시작하는 마중물 효과를 볼 수도 있다. 역사나 과학 혹은 인물 이야기 등을 학습만화로 접하면 보다 쉽게 흥미와 이해도를 높일 수 있다. 부모가 주의해야 할 것은 학습만화라고 이름 붙였다고 정말 학습 효과가 높은 것은 아니라는 점이다. 학습만화는 학습이라는 탈을 씌운 초등학생용 만화다. 대부분 흥미진진한 스토리를 만들기 위해서 지식을 최소화한다. 따라서 흥미를 돋우는 데서 그치지, 정말로 학습만화를 읽었다고 부모가 원하는 만큼 공부에 도움이 되지는 않는다. 아이가 학습만화에 실린 상식을 줄줄 읊는다고 글에 대한 이해력이 높아지는 건 아니다.

아이들이 보는 만화가 마음에 들지 않는다면 양질의 콘텐츠를 담은 만화를 선택해도 좋다. 사실 서구에서도 만화의 지위는 높지 않아 만화는 유치하다는 편견에 오랫동안 시달렸다. 미국에서는 보통 만화를 코믹스라고 부르지만 그래픽 노블이라고도 한다. 흔히 문학성과 예술성이 높은 만화들이 그래픽 노블로 불린다. 최근 몇 년간 《엘 데포》, 《롤라 걸》 등의 그래픽 노블이 연거푸 미국의 대표적 아동문학상인 뉴베리상을 수상했다. 바야흐로 만화에 대한 평가가 달라졌음을 단적으로 보여준다. 아이가 어떤 만화에 재미를 느꼈다면 한 걸음 더 나아가 관련 주제를 다룬 책을 읽도록 이끌어주어야 한다.

만화책 보는 시간은 아이가 정해야

아예 만화를 금지하면 어떨까. 만화책은 보지 못하게 하고 읽기책만 읽도록 강요하면 점점 아이들은 책을 싫어하게 된다. 혹은 숨어서 만화책을 읽느라 더 많은 에너지를 쏟는다. 결과적으로 역효과가 생겨버린다.

그보다는 아이와 상의하여 만화책을 어떻게 볼 것인지 원칙을 정하고 지켜 나가는 연습을 하는 것이 옳다. '만화책은 ○○ 시리즈만 본다.', '만화책은 주말에만 본다.'는 식으로 아이와 함께 계획을 세우면 된다. 초등학교 2학년 교과과정에서 '나의 하루 계획 짜기'나 '방학 계획 세우기'처럼 시간 계획을 수립하는 법을 배운다. 배운 대로 아이가 스스로 계획을 짤 수 있도록 기회를 주어야 한다. 아이는 부모가 세운 계획이 아니라 자신이 세운 계획을 지킨다. 혹 약속이 흐지부지해졌다고 아이를 몰아세우거나 실망하지 말자. 어른도 늘 작심삼일이다. 아이와 실패의 경험을 바탕으로 다시 계획을 세우면 된다. 그렇게 아이는 성장한다.

 ## 귀신 선생님과 진짜 아이들

남동윤 지음, 사계절

과거에는 '꺼벙이' '독고탁' 등이 주인공인 어린이용 명랑만화가 있었다. 하지만 〈어깨동무〉, 〈소년중앙〉, 〈보물섬〉 등 만화 잡지가 폐간된 후 어린이 만화도 자취를 감추었다. 그 자리를 파고든 것이 학습만화다. 남동윤의 《귀신 선생님과 진짜 아이들》, 《귀신 선생님과 고민 해결》, 《귀신 선생님과 오싹오싹 귀신 학교》는 명랑만화의 맥을 잇는 창작 어린이 만화다. 집에는 부모가 있듯, 학교에 가면 선생님이 있다. 한데 이 만화는 권위의 상징인 교사를 놀리며 시작된다. 담임이 귀신이라는 설정이다. 이름마저 강귀신이다! 여기에 만화적 상상력을 더해 흥미를 돋운다. 아이들이 돼지로 변하기도 하고, 음료 캔에 갇혀 있던 도깨비가 나타나 소원을 들어주기도 한다. 아날로그 정서가 물씬 풍기는 명랑만화답게 책 중간중간 다양한 종이 게임도 담겨 있다.

스마일 / 씨스터즈

《스마일》, 레이나 텔게마이어 글그림, 원지인 옮김, 보물창고
《씨스터즈》, 레이나 텔게마이어 글그림, 권혁 옮김, 돋을새김

레이나 텔게마이어는 그래픽 노블 분야의 유명 작가다. 국내에도
작가의 책이 여러 권 출간되어 있다. 이 중에서 초등 저학년 아이
들이 읽기 적당한 책은 《스마일》과 《씨스터즈》이다. 두 편 모두 우
리 식으로 말하자면 어린이를 위한 명랑만화에 가깝다. 설정과 상
황이 정말 웃기고 재미있다. 또한 생활 속에서 소재를 가져와 아이
들이 쉽게 공감할 만큼 현실적이다.
《스마일》은 작가의 자전적 이야기로 치아 교정에 관한 에피소드를
담고 있다. 《씨스터즈》는 원수와 다름없는 자매의 이야기다. 까다
롭고 고집 센 동생을 언니가 당해내지 못해 절절맨다. 두 편 모두
가족으로 산다는 것과 성장의 이야기가 따뜻하게 펼쳐진다.

 ## 진짜 친구

샤넌 헤일 글, 르윈 팸 그림, 고정아 옮김, 다산기획

샤넌 헤일의 《진짜 친구》는 10대로 접어든 여자아이들 특유의 심
리를 놀라울 정도로 섬세하게 그린 그래픽 노블이다. 초등학교에
입학하고 나면 아이들은 점차 무리를 짓기 시작한다. 축구를 좋아
하는 아이들, 가수를 좋아하는 아이들이 그룹을 짓는다. 특히 여

자아이들의 그룹은 독특한 생리를 지닌다. 여자아이들의 그룹에는 모든 걸 좌지우지하는 여왕이 있고, 여기에 충성하는 아이들과 그룹에 끼지 못하는 아이들이 생겨난다. 부모나 교사가 간과하기 쉬운 10대 여자아이들의 세계가 책 속에 담겨 있다. 이 무렵을 겪어내는 여자아이들에게 큰 위로와 공감을 안겨줄 만한 작품이다. 특히 작가인 샤넌 헤일의 자전적 이야기라 울림이 더 크다.

엘 데포

시시 벨 글그림, 고정아 옮김, 밝은미래

2015년 뉴베리 아너상 수상작인 그래픽 노블이다. 네 살에 뇌수막염으로 청각을 거의 잃은 저자의 자전적 이야기를 담았다. 심한 난청으로 보청기를 끼고 생활하는 자신을 부끄럽게 여기던 소녀가 상상 친구를 통해 장애를 극복해가는 이야기다. 소녀는 보청기를 낀 자신을 '엘 데포' 즉 특별한 귀머거리라고 이름 붙이고 슈퍼 파워를 지닌 슈퍼 히어로로 상상한다. 소녀가 수업을 듣기 위해서는 선생님들이 마이크 장치를 목에 걸고 수업을 해야 하는데, 이 때문에 뜻하지 않게 '슈퍼 파워'를 지닌 것이 알려지며 친구를 사귀게 되는 과정이 감동적이다.

'나무 집' 시리즈

앤디 그리피스 글, 테리 덴톤 그림, 신수진 옮김, 시공주니어

초등학생들이 너무나 좋아하는 '나무 집' 시리즈는 《13층 나무 집》을 시작으로 후속권이 나올 때마다 13층씩 높아지고 있다. 시리즈는 만화라는 형식에 올라탔지만 칸 구성 방식에서 자유로운 책이다. 특히 나무 집에는 볼링장, 투명 수영장, 식인 상어가 가득한 수조, 채소를 증발시키는 기계 등이 있다는 기발한 상상력이 압권이다.

이 집에 사는 앤디와 테리는 어른이지만 늘 원고 독촉에 시달린다. 그럼에도 불구하고 번번이 논다. 마치 숙제와 시험이라는 압박에 시달리면서도 호시탐탐 놀려고만 드는 아이들과 똑같다. 책벌레들 중에는 어린 시절 만화와 추리소설 애호가였던 사람들이 많다. 아예 담을 쌓는 것보다는 쉽고 재미난 만화나 장르물부터 읽기 시작하는 것이 책과 친해지는 방법 중 하나라고 나는 믿는다.

4

공포물, 추리소설처럼
자극적인 것만 찾아요

어린이와 책에 대한 끈질긴 오해가 있다. 첫 번째는 어린이가 읽는 책은 착한 이야기만 담겨야 한다는 편견이다. 어린이란 존재가 순수하고 착해야 한다는 전제에서 비롯된 생각이다. 마땅히 어린이가 읽는 책은 밝고 명랑하고 건강하고 착한 아이들이 등장해야 한다고 생각한다. 부모는 가난하고 차별받고 어두운 이야기를 담은 어린이책이 있다면 혹여 우리 아이가 볼까 서둘러 치운다.

이런 마음을 이해 못하는 것은 아니다. 세상의 어떤 부모가 제 자식이 건강하고 행복하게 아무 탈 없이 자라길 바라지 않겠는가.

아홉 살 독서 수업

그러니 아이들에게 밝은 것만 보여주고 싶다. 앞길이 무탈하길 바라는 부모 욕심에 안전하고 성공이 약속된 길로 아이를 이끄는 것이다.

왜 아이들은 자극적인 소재에 끌릴까

부모가 감춘다고 부정적 감정이 사라지면 좋겠지만 그렇지 않다. 시기하고 질투하고 무시하고 분노하는 부정적 감정은 본능이다. 인간의 뇌는 언어, 논리, 이성을 관장하는 생각의 뇌보다 감정의 뇌가 먼저 발달한다. 감정은 생존과 연결되기에 우선해서 필요하기 때문이다. 생존하려면 위험을 예민하게 느낄 수 있어야 한다. 그래야 재빨리 피할 수도 있다. 그러니 감정, 그중에서도 부정적 감정은 인간에게 필수이며 이를 느끼지 못하면 살아날 수도 없는 것이다.

누구나 자신에게 호의적인 사람을 만나면 기분이 좋고 행복하다. 아이들은 더하다. 스스로를 보호할 만큼 힘이 강하지 않으니 자신에게 이로운 사람인지 혹은 위협적인 사람인지를 더 예민하게 느낀다. 한마디로 본능에 더 충실한 존재라는 뜻이다. 그래서 노인과 아이들일수록 의지할 만한 사람을 만나면 빠르게 친해진다. 반면 두렵고 위험하다고 느끼면 극도로 조심한다.

"아직 어린데 뭘 알겠어." 하며 아이들 앞에서 아무 말이나 하는 어른들이 많다. 아이들은 아직 언어 능력이 발달하지 않아 느낌을 충분히 말로 표현하지 못할 뿐이지 무감각한 게 아니다. 부모가 슬픈지 혹은 화가 났는지를 기분과 정서로 알아차린다. 그러니 아이는 공포, 두려움, 무서움 같은 마음이 궁금하고 알고 싶다. 특히 부모가 아이에게 "착해야 한다."라고 강조할수록 아이는 자신의 부정적 감정에 당혹스러움을 느낀다.

아이가 어릴 때 '오싹오싹 귀신 체험'과 같은 책을 즐겨 읽었던 적이 있다. 초보 부모인 나는 아이가 그 책을 너무너무 무서워하면서도 왜 읽는지 알 수가 없었다. 그렇게 무서우면 읽지 않으면 그만인데 그러면서도 자꾸 읽는 이유를 이해할 수 없었다.

작가 김영하는 소설을 읽는 이유에 대하여 '감정의 롤러코스터를 경험하기'라고 말한 적이 있다. 문학에는 여러 효용이 있지만 그 중 으뜸은 이야기 속에 등장하는 인물들이 겪는 다양한 감정을 함께 느끼는 일이다. 그리고 결국은 내가 처해보지 않은 상황 속에 놓인 타인의 마음까지 이해하는 일이다. 그러니 어린이책에 착한 소년과 순종적인 소녀만 등장해서는 안 된다. 오히려 억울함, 슬픔, 고통, 분노와 화, 두려움과 절망, 질투와 시샘 등 인간이라면 누구나 지니고 있는 보편적인 감정이 그려져야 마땅하다. 주인공들이 이런 감정을 어떻게 겪어내고 순화하는지를 지켜보며 어린 독자들은 주인공에 감정이입하고 자신의 감정을 처리하게 된다.

그러나 아이 혼자서 무서운 이야기를 접하게 하는 것은 바람직하지 않다. 아이가 호기심을 보이더라도 부모가 먼저 읽거나 보고 판단하는 과정을 거쳐야 한다. 그리고 안전한 부모 품에서 《여우누이》나 《오싹오싹 당근》 같은 책을 접하는 것이 바람직하다.

아이들이 좋아하는 애니메이션 중에 〈신비아파트〉가 있다. 애니메이션을 넘어 뮤지컬과 영화로도 만들어졌을 정도로 인기가 높지만 어른도 깜짝 놀랄 만한 무서운 내용이 나온다. 소아정신과 의사 서천석은 "초등학교 저학년도 어른 없이 혼자 볼 만한 내용이 아니라고 생각한다. 〈신비아파트〉를 보고 불안장애가 온 아이들을 여럿 보았다."라고 충고한다.

처음부터 명작을 읽는 사람은 없다

두 번째 오해는 아이들이 처음부터 고전이나 명작을 읽어야 한다는 터무니없는 기대다. 누구나 읽기 능력은 서서히 발달한다. 종종 주변의 선후배나 학부모들에게 어린 시절 읽었던 책 중 기억나는 게 뭐냐는 질문을 해본다. 이때 빠지지 않는 책들이 코난 도일의 '셜록 홈즈' 시리즈와 애거사 크리스티의 추리소설들이다. 읽게 된 사연이야 저마다 다르지만 얼마나 흥미진진했는가는 또렷하게 기억하고 있었다.

아이들의 독서 패턴을 살펴보면, 대개 초등 3~4학년 전후로 추리소설에 빠지는 시기가 찾아온다. 제아무리 수준 높은 독서가라 할지라도 여덟아홉 살 때 《죄와 벌》이나 《안나 카레니나》를 읽고 감동했다는 사람은 없다. 평범한 독서가는 대부분 탐정물이나 추리소설 등에 흠뻑 빠지는 시기를 거친다. 이런 책을 통해 아이들은 이야기의 재미에 빠져들고 읽기 능력을 키우며 서서히 교양 있는 독자로 자란다.

부산대학교 영어교육과 조경숙 교수의 연구는 이 같은 사실을 잘 보여준다. 조 교수는 한국에서 영어 교육을 받은 후 미국에 간 30대 여성들의 읽기 능력에 관해 실험을 했다. 처음 30대 여성들에게 12세 이상 청소년들이 읽을 만한 로맨스 소설을 읽게 했다. 그들은 사전을 찾으며 엄청난 노력을 쏟았지만 이해하지 못했다. 그래서 초등학생이 읽을 만한 소설을 권했지만 이 역시 어려워했다. 그래서 과감하게 5~8세를 위한, 더 낮은 연령대의 이야기책을 권했고 결국 읽어냈다. 흥미로운 것은 실험에 참여한 여성들이 전에는 한 번도 영어책을 즐겁게 읽은 경험이 없었다는 점이다. 이들은 1년 동안 조금씩 수준을 높여가며 로맨스 소설을 읽었다. 그랬더니 어휘력은 물론 영어 실력도 늘었고, 결국에는 성인들을 위한 소설까지도 읽을 수 있었다. 아이들의 읽기 역시 이와 똑같이 성장한다.

만약 아이가 추리소설을 좋아한다면 부모는 기뻐해야 한다. 아이가 똑똑해지고 있다는 증거이기 때문이다. 추리소설이란 사건이 일어나고 이를 누군가 해결해나가는 이야기다. 이때 독자는 마치

아홉 살 독서 수업

자신이 탐정이 된 듯 사건을 해결하려 애쓴다. 추리소설 특유의 패턴과 두뇌 싸움을 즐긴다는 뜻이다. 이렇게 추리소설을 읽는 독자가 작가와 지적인 승부를 겨루려면 생각하는 힘이 커야 한다. 어떤 단서를 보고 그것에 어떤 의미가 있을지를 유추할 수 있어야 한다. 아이가 추리소설을 읽을 힘이 생겼다는 것은 판단력, 논리력, 문제 해결 능력이 생겼다는 의미다. 사고력을 관장하는 전두엽의 발달을 보여주는 증거다.

대개 부모들은 어린 시절을 기억하지 못한다. 마치 처음부터 어른이었던 것처럼 군다. 그러니까 아빠는 일등만 했다고 말하고, 엄마는 늘 할머니 말씀을 잘 들었다고 하는 거다. 하지만 그럴 리가 없다. 책 읽기에서도 마찬가지다. 부모가 자신이 어릴 때 어떤 책을 좋아했는지 떠올려본다면 자녀의 독서교육에서 생기는 많은 갈등을 해소할 수 있다.

아이들은 어른들이 보기에 유치한 책부터 읽기 시작하여 점점 수준 높은 독서가로 성장한다. 추리소설에 빠지거나 수수께끼 책에 꽂혔다고 해도 전혀 문제 될 게 없다. 그보다는 아이가 책을 멀리하지 않고 꾸준히 읽는 것이 더 중요하다. 오히려 읽기에 재미를 붙이지 못하는 아이라면 추리소설로 재미를 느끼도록 유도하는 것이 맞다.

 ## 여우누이

김성민 글그림, 사계절

아이들이 무서워하면서도 귀를 쫑긋하고 듣는 이야기 중에 첫손에 꼽히는 것이 《여우누이》다. "아이에게 읽어줘도 되나요?", "아이가 무서워하면서도 좋아하는데 왜 그럴까요?" 하는 질문을 가장 많이 받는 그림책이다. 그림책 낭독 전문가들이 한여름 불을 끄고 읽어주면 어른들도 무서워 자지러질 정도다.

《여우누이》는 여러 작가의 버전이 있다. 그중에서도 목판화로 작업한 김성민 작가의 《여우누이》는 가감 없이 모든 걸 보여준다. 여우누이가 말의 항문으로 손을 쑥 넣어 간을 꺼내 먹는 대목이 있다. 다른 그림책은 이 장면을 직접 표현하지 않는데 작가는 여우누이가 한 손에는 간장 종지를 들고 다른 손은 말 항문에 집어넣는 장면을 그대로 담았다.

 ## 오싹오싹 당근

에런 레이놀즈 글, 피터 브라운 그림, 홍연미 옮김, 주니어RHK

아이들이 느끼는 무서움을 독특하고 유머러스하게 담아낸 책이다.

세계적인 호러 작가 스티븐 킹은 "비밀의 숫자만큼 아픈 법이다."라고 말했다. 다시 말해 뭔가 감추고 싶은 것이 있을 때, 자신을 괴롭히는 기억이 있을 때 인간은 두려움을 느낀다. 이 심오한 인간의 심리를 스티븐 킹은 1000페이지 가까운 호러 소설로 풀어내지만, 피터 브라운은 32페이지의 그림책으로 너끈하게 이야기한다.

토끼 재스퍼는 당근을 좋아한다. 재스퍼는 학교에 가며, 야구 연습을 하러 가며 들판의 당근을 마구 먹는다. 어느 날 당근들이 바스락바스락거리며 재스퍼에게 슬금슬금 다가온다! 이제 욕실에서도, 창고에서도, 침대에 누워 있을 때도 당근 귀신이 나타난다. 엄마 아빠는 아무것도 안 보인다지만 재스퍼는 똑똑히 보았다. 당근 귀신을! 이제 재스퍼는 어떻게 해야 할까? 1920년대 무성영화를 연상시키는 흑백의 그림 속에 선명하게 주홍빛으로 나타난 당근 귀신의 모습은 무섭지만 귀엽다. 후속편인 《오싹오싹 팬티!》도 나와 있다.

 ## 너무너무 무서울 때 읽는 책

에밀리 젠킨스 글, 염혜원 그림, 김지은 옮김, 창비

《오싹오싹 당근》을 읽고 난 후 《너무너무 무서울 때 읽는 책》을 보며 아이들이 무서워하는 게 무언지를 함께 말해보아도 좋다. 라가치상과 에즈러 잭 키츠 상을 수상하고 미국에서 활동하는 염혜원 작가가 그림을 그렸다.

아이는 무서워하는 게 많다. 아빠가 무서운 걸 써보라고 하자, 괴물, 마녀, 유령, 큰 개, 사촌, 수영장, 어둠 등을 적는다. 아이는 집에서 기르는 두 마리의 개, 불테리어와 퍼그와 함께 무서운 것에 대해 이야기를 주고받는다. 이 과정을 통해 아이는 자신이 두렵다고 여겼던 걸 다른 사람은 두려워하지 않는다는 것, 곰곰이 따져보면 별것 아니라는 걸 깨닫는다. 게다가 두 마리의 개들이 무서워하는 어둠을 퇴치하는 법을 아이는 알고 있다. 사람은 누구나 무서울 때가 있다. 하지만 누구나 가끔은 용감하다!

 ## 추리 천재 엉덩이 탐정

트롤 글그림, 김정화 옮김, 아이세움

《추리 천재 엉덩이 탐정》은 요즘 초등 저학년 아이들이 가장 좋아하는 책이다. 얼굴이 엉덩이 같기도 하고 복숭아 같기도 한, 아이큐 1104의 천재 엉덩이 탐정과 조수 브라운이 주인공이다. 둘은 탐정 사무소를 열고 사건을 풀어간다. 이 둘의 결합은, 그렇다. 셜록 홈즈와 왓슨 박사의 조합을 떠올리게 한다. 아직 탐정소설을 읽기에는 어린 저학년이 보기 좋을 정도로 쪽수도 적당하고, 카툰 형식의 만화와 글이 사이좋게 이야기를 끌고 간다. 요약하자면 만화+추리+챕터북+퍼즐북의 장점을 모두 갖춘 멀티북이다.

생각해보면 어린 시절의 탐정 놀이는 단지 흥미진진한 이야기 즐기기에 머물지 않고 세상에 대한 호기심과 관찰로 확장되었던 것

같다. 조수 브라운의 거짓말을 밝혀내는 엉덩이 탐정의 놀라운 관찰력이라니, 나라도 엉덩이 탐정에 빠지지 않을 수 없다.

 ## 명탐정 티미

스테판 파스티스 글그림, 지혜연 옮김, 시공주니어

탐정 놀이에 푹 빠져 있는 티미가 주인공으로 초등 3~4학년 정도의 아이들이 읽기에 좋은 책이다. 아이가 혼자 읽기 어려워한다면 부모가 읽어줘도 좋다.

티미는 '몽땅 실패 주식회사'를 운영하는 위대한 탐정이다. 같은 반친구인 구니가 할로윈 날 받은 초콜릿을 다 잃어버렸다고 사건을 의뢰하여 이야기가 전개된다. 티미는 세그웨이(일인용 탈것)를 몰래 타다 잃어버리고, 낙제 경고까지 받으며 궁지에 몰린다. 이럴 때마다 티미는 자신이 명탐정임을 잊지 않고 기상천외한 방법을 생각해낸다. 세그웨이를 찾기 위해 같은 반 친구인 롤로를 데이지 꽃으로 변장시켜 은행에 잠입시키는 설정은 포복절도할 만하다.

처음에는 티미가 거짓말을 일삼는 별난 애로 보인다. 하지만 곧 알게 된다. 티미가 왜 그토록 엉뚱한 상상을 하고 탐정에 집착하는지를 말이다. 아이들의 판타지는 다른 말로 외로움과 금지된 것에 대한 욕망이다. '티미 파이팅' 하고 외쳐주고 싶은 책이다.

5

책 한 권을
끝까지 못 읽어요

요즘 아이들은 일찍부터 무수히 많은 영상을 접한다. 전문가들은 아이들이 디지털 기기를 접하는 시기나 방법에 관해 이런저런 충고를 하지만 부모로서는 어쩔 수 없는 순간이 있다. 쇼핑 중에 아이가 빨리 가자고 보채면 애니메이션이라도 보여줘야 일을 마칠 수 있다. 식당에서라면 스마트폰을 쥐어줘야 무사히 식사를 마칠 수 있다.

이렇게 아주 어릴 때부터 일상적으로 동영상을 보고 자란 세대는 부모와 텍스트를 대하는 태도가 질적으로 다르다. 생래적으로 본다는 것이 친근하고 익숙한 어린이들에게 읽기는 그냥 귀찮은 일이다. 따지고 보면 어린이들만 그런 것은 아니다. 인간의 모든 습관이란 변하기 마련이며 성인 독자들의 읽기도 달라지고 있다. 성인 독자도 점점 두꺼운 책을 부담스러워하니 과거에 비해 책이 얇아지고 문체도 가벼워졌다. 또 지식과 성찰을 담기보다는 일상적인 신변잡기를 나열한 책이 많아졌다.

문제는 이런 책들에 익숙해지면 조금만 책의 내용이 어려워져도 읽어낼 수 없다는 점이다. 가볍고 쉬운 책만 읽어 버릇하면 진중하고 무거운 책은 읽을 수 없다. 반대로 두껍고 어려운 책일지라도 처음부터 끝까지 한 권만 읽어내고 나면 이후의 독서는 달라진다.

영상에 익숙한 아이들이 책을 만나려면

어린이가 읽기를 배우는 일차적인 목표는 한국어로 쓰인 모든 글을 읽어낼 수 있도록 언어 능력을 향상시키는 것이다. 읽기 능력을 키우고 나면 조금 어렵더라도 고급한 지식을 접할 수 있다. 세상이 빠르게 변하고 있지만 아직까지 인류가 만들어낸 모든 지식은 책 안에 담겨 있다. 당장 아이들이 학교에 입학한 후 배워야 하는 교과서만 해도 읽기 능력이 없다면 제대로 이해할 수 없다. 이 때문에 자라는 어린이들이 읽기를 배우는 것이다. 스스로 읽고 이해하고 배우고 성찰하는 과정에 이르는 읽기 독립을 이루는 것이 그 최종 목적이다. 읽기 독립을 위해서 처음에는 짧고 단편적인 내용을 담은 책에서 출발하여 장편동화로 넘어가는 훈련이 필요하다.

호흡이 긴 책을 읽는 훈련을 할 때 가장 좋은 것은 장편동화이다. 아이들뿐만 아니라 누구나 책이 두꺼우면 읽기 전에 겁부터 난다. 그러나 소설이나 동화는 한번 이야기에 빠져들면 집중해서 긴 분량을 읽게 된다. 이런 과정을 통해 자연스럽게 호흡이 긴 책을 읽게 되고 작가가 행간에서 들려주는 성찰적 메시지도 읽어내게 된다.

어른들은 300쪽 넘는 동화책을 만나면 아이가 이렇게 두꺼운 책을 읽을 수 있을까 의심한다. 그러나 이런 '벽돌책'을 한 번이라도 읽은 경험이 있는 아이들은 책이 두껍다고 무조건 겁내지 않는다. 재미만 있다면 생각보다 잘 읽어낸다. 그렇다고 처음부터 장편동화를 읽혀야겠다고 서두를 필요는 없다. 호흡이 길고 두꺼운 책을 읽어내는 힘은 단번에 길러지지 않는다. 부모가 생각하는 것보다 훨씬 오랜 시간이 걸릴 수도 있다. 앞서 살핀 것처럼 먼저 챕터북이나 저학년 동화 등을 통해 동화를 읽는 연습을 하고 재미를 느낀 다음, 서서히 나아가는 것이 좋다.

만약 아이가 처음 장편에 도전한다면 영화를 먼저 보고 원작을 읽는 것도 좋은 방법이다. 영화는 수백 쪽에 달하는 원작을 솜씨 좋게 두 시간으로 압축해서 보여준다. 그래서 영화로 대략의 줄거리를 알고 나면 원작을 읽기가 수월해진다.

'해리 포터' 시리즈는 초등학교 중학년 이상을 대상으로 하지만, 영화를 재미있게 보았다면 이보다 어린 연령의 아이들도 읽을 수 있다. 비슷하게 케이트 디카밀로의 《생쥐 기사 데스페로》는 마음에 관한 성찰을 담은 동화다. 더구나 네 사람의 이야기가 교차되어 서술된다. 독서력이 있는 아이라면 영화보다는 원작이 훨씬 재미있겠지만 그렇지 않은 아이들이라면 먼저 영화를 보여주고 원작을 읽는 방법을 활용하면 좋다. 영화를 통해 줄거리와 등장인물을 파악할 수 있기 때문에 원작만 읽을 때보다 훨씬 수월해진다. 영화는 동화처럼 마음을 말하지 않고 행동을 보여준다. 게다가 단일한 서사로 시나리오를 수정해서 이야기의 뼈대와 줄거리를 압축해 보여준다.

동화작가 중에는 로알드 달의 작품이 여러 편 영화로 만들어졌다. 동화 《내 친구 꼬마 거인》은 스티븐 스필버그가 영화로 만들었고 국내에는 〈마이 리틀 자이언트〉로 소개되었다. 《찰리와 초콜릿 공장》은 팀 버튼 감독이 영화로 만들었고, 《마틸다》는 배우인 대니 드비토가 감독을 맡아 영화로 만들었다. 최근에는 뮤지컬로도 제작되었다.

또 남들과 다른 모습으로 태어난 어기의 이야기를 담은 《아름다운 아이》는 줄리아 로버츠가 출연한 가족영화 〈원더〉로 감상할 수 있다. 과학동화의 고전인 매들렌 렝글의 《시간의 주름》도 2018년 영화로 개봉되었다.

스스로 깨닫는 원작과 영화의 차이

최근에는 영화가 발표되고 나서 새삼스레 원작이 각광받는 경우가 많아졌다. 그때마다 영화와 원작이 얼마나 다르고 같은지를 화제로 삼는다. 그만큼 예전보다 원작 소설을 읽는 사람이 줄었다는 뜻이기도 하지만 영화와 원작을 함께 보고 읽는 장점도 있다. 영화를 보고 원작을 읽으면 두 매체가 그려낸 이야기의 차이를 비교해 볼 수 있다. 아이들도 처음에는 줄거리를 따라잡기 위해 영화를 먼저 보겠지만 조금만 지나면 누가 시키지 않아도 책을 찾아본다. 그러면서 스스로 영화와 원작이 얼마나 다르고 같은지를 깨닫는다. 특히 원작의 작품성이 높을수록, 영화가 따라올 수 없는 원작의 깊이에 매료되는 경우가 많다.

영화는 제한된 시간 안에 이야기를 보여줘야 한다. 소설처럼 주인공의 과거와 현재는 물론이고 그가 살았던 마을의 풍경, 가족의 내력, 등장하는 사람들이 지닌 아픔 등을 시간과 공간의 제약 없이 이야기하기가 불가능하다. 게다가 영화는 거대 자본이 투입되는지라 상업성까지 고려해야 하니 아무래도 제약이 많다. 시나리오 작가이자 청소년문학 작가인 프랭크 코트렐 보이스는 "책을 쓸 때 가장 좋은 점은 남의 간섭을 받지 않고 나만의 룰에 따라 쓸 수 있다는 것이다. 각본을 쓸 때는 모든 사람들의 룰에 따라야 한다."고 말한 적이 있다.

그래서 대개의 원작은 영화가 품지 못하는 풍부한 심리 묘사와 주제 의식을 담고 있다. 영화를 보고 났는데 이야기가 언뜻 와닿지 않는다거나 혹은 주인공의 마음이 이해되지 않는다거나 미진한 점이 있다면 반드시 원작을 읽어보길 권한다.

좀 힘들더라도 부모가 시간을 내어 영화를 보기 전에 원작을 먼저 읽어주면 아이들은 머릿속으로 책에 담긴 세계를 상상할 수 있다. 아이들은 이 과정에서 책을 통해 상상력을 키운다. 그래서 자신이 머릿속으로 상상했던 것과 감독이 만들어낸 영화 속 세계를 비교하느라 원작을 먼저 접한 아이들은 이야기가 많아진다.

그림책을 영화로 볼 때

그림책은 32~40쪽 내외로 분량이 얼마 되지 않는다. 그러다 보니 그림책을 상업영화나 애니메이션으로 만들자면 자연스레 많은 각색이 필요하다. 그림책을 영화 혹은 애니메이션으로 만들 때는 기본 틀만 살리고 등장인물을 더하고 새로운 에피소드를 덧붙인다. 크리스 반 알스버그의 그림책《북극으로 가는 기차》는 〈폴라 익스프레스〉로,《쥬만지》는 동명의 상업영화로 만들어져 성공을 거두었다. 크리스 반 알스버그는 역동적 순간을 정지화면으로 그려 마치 초현실처럼 느껴지도록 의도하는 작가다. 한 장면이 품은 많은 이야기가 영화에서 어떻게 새롭게 표현되었는지를 비교하며 보면 재미있다.

윌리엄 스타이그의《슈렉》도 마찬가지다. 원작에서 역겨운 냄새가 나는 괴물 슈렉의 캐릭터와, 슈렉이 못생긴 공주와 결혼하게 된다는 줄거리 등 가장 핵심적인 단서만 가져와 장편 애니메이션으로 만들었다. 영화를 보고 원작과 무엇이 같고 다른지를 이야기해볼 수 있다.

반면 레이먼드 브리그스의《눈사람 아저씨》처럼 원작을 충실하게 반영한 애니메이션도 있다. 글 없는 그림책이며 유튜브를 통해 (https://www.youtube.com/watch?v=3i0D7r1Im64) 서정적인 영상을 만날 수 있다.

흥미로운 점은 아이들이 영화나 애니메이션을 보았다고 해서 그림책을 재미없다고 느끼지 않는다는 점이다. 좋아하는 책일수록 특히 매체를 넘나들며 반복하는 걸 즐거워한다.

어린이문학을 영화로 볼 때

문학을 읽는다는 것은 단지 줄거리를 아는 것 이상이다. 주인공과 주변 인물들이 어째서 그런 선택을 했는지를 이해하고 내가 그의 입장이 된다면 어떻게 할까를 생각하는 데까지 나아가는 일이다. 더불어 작가가 언어를 통해 표현한 다채로운 감정들을 느낄 수 있어야 한다. 반면 영화는 시간과 공간과 자본의 한계 때문에 주인공이 어떤 사건을 만나 위기를 겪고 이를 헤쳐가고 마침내 결말에 이르는 스토리가 중심이 될 수밖에 없다. 인물의 내면, 관계, 과거, 감정 등 많은 것이 생략된다. 어린이들이 동화와 영화를 함께 만나면 저절로 이 차이를 알게 된다.

또 어린이들은 동화를 읽을 때 작가가 창조한 인물과 공간을 머릿속으로 상상해가며 읽는다. 그래서 책을 먼저 읽고 영화를 나중에 보면 아이는 자신의 상상을 영상과 비교해볼 수 있다. 하지만 작가의 상상력을 구현한 영상을 먼저 보면 아이가 스스로 상상의 집을 짓는 대신 구현된 이미지에 갇혀버리게 된다. 아이가 읽기 훈련이 어느 정도 이뤄졌다면 영화를 보기 전에 원작을 읽을 수 있도록 돕는 것이 바람직하다.

케이트 디카밀로의 《생쥐 기사 데스페로》, E. B. 화이트의 《샬롯의 거미줄》과 《스튜어트 리틀》 등은 동화와 영화를 모두 만날 수 있는 작품들이다. 《생쥐 기사 데스페로》는 〈작은 영웅 데스페로〉라는 제목으로 영화화되었다. 화자가 여럿인 동화와 달리 영화는 단일한 서사로 진행된다. 이런 점을 눈여겨보며 함께 즐겨보자.

아이들은 장편동화보다 영화나 애니메이션이 만만하다. 아직 읽기가 능숙하지 않은 3~4학년 어린이라면 이 방법을 통해 장편동화에 발을 들여놓을 수 있다. 예를 들어 루이스 새커의 《구덩이》는 독서력 있는 초등 중학년 아이라면 도전해볼 만한 장편동화다. 《구덩이》에는 주인공 스탠리와 조상의 내력을 포함하여 세 가지 이야기가 얽혀 있다. 이 사연들이 복선으로 등장하며 스탠리의 현재와 조응한다. 이런 중층적 서사가 낯선 아이라도 영화를 보고 줄거리를 파악한 후라면 도전해볼 만하다. 카네기 메달 수상작인 프랭크 코트렐 보이스의 《하늘에서 돈이 내린다면》도 〈밀리언즈〉라는 영화로 만날 수 있다.

6

도서관에 가는 걸
질색해요

독서교육 전문가들이 이구동성으로 하는 말이 있다. 아이들 가까이에 책이 있어야 한다, 책을 쉽게 접할 수 있어야 한다, 책을 읽기에 편안하고 좋은 장소가 마련되어야 한다 등의 충고들이다. 여기에 가장 맞춤한 장소는 바로 도서관이다. 집 근처에 도서관이 있다면 가장 좋고, 만약 그렇지 않다면 아이들과 정기적으로 도서관 나들이를 다니는 것이 좋다. 장기적으로 아이들의 독서에 긍정적인 영향을 주는 최고의 방법이다.

독서교육의 기본은 도서관에 다니는 습관

도서관을 인생의 성공 비결로 손꼽는 이들이 있다. 마이크로소프트의 공동 창업자인 빌 게이츠는 "오늘의 나를 있게 한 것은 동네 도서관이다."라는 말을 한 것으로 유명하다. 그는 열 살이 되기 전에 백과사전을 전부 읽었고 집 근처 도서관에서 열린 독서경진대회에서 일등을 했을 만큼 초등학생 시절부터 독서광이었다. 성인이 되어서도 빌 게이츠는 독서를 멈추지 않으며 '게이츠 노트Gates Notes'라는 서평 블로그를 운영하고 있다. 1년에 50권 정도를 읽고 있으며 전자책이 아닌 종이책 읽기를 고집한다. 빌 게이츠는 성공 비결 중 하나로 도서관을 즐겨 찾았던 것과 책 읽기를 좋아했던 것을 꼽는다.

미국의 방송인 오프라 윈프리는 북클럽을 운영하며 방송에서 선정한 책을 널리 알리고 있다. 오프라 윈프리는 마약과 성폭행 등으로 어려운 청소년기를 겪었는데 이를 극복할 수 있도록 도운 것이 책이었다. 오프라 윈프리는 "미국에서 도서관 카드를 얻는 것은 미국 시민권을 얻는 것이나 마찬가지다."라는 말을 했을 정도다. 이 말은 현재 시카고 공공 도서관 벽에 쓰여 있다고 한다.

공공 도서관의 역사를 살펴보면 처음부터 성별과 인종 혹은 빈부에 상관없이 누구나 도서관을 이용할 수 있었던 것은 아니다. 누구나 도서관을 이용하는 것이 지금이야 당연한 일로 여겨지지만,

그렇게 되기까지 많은 사람들이 노력을 기울였다. 도서관에서 차별 없이 읽고 배울 수 있다면 결과적으로 지식이 모두에게 공유될 수 있다. 그러니 민주주의는 도서관으로부터 시작된다. 우리가 지금 이용하는 공공 도서관, 어린이도서관은 모두 이런 노력의 산물이다.

같은 의미로 아이들이 책을 읽을 수 있는 환경을 만나면 삶이 바뀔 수 있다. 아이들의 읽기가 향상되면 학습 기반이 단단해지고 스스로 삶과 내면을 더욱 풍성하게 가꿀 수 있는 계기가 만들어진다. 읽는다는 것은 가치 있는 삶을 보장하는 최소한의 안전장치가 될 수 있다.

그러니 독서교육의 기본 중의 기본은 도서관에 다니는 습관이다. 나 역시 서대문구 안산 자락으로 이사를 오고 나서야 처음으로 집 근처에서 도서관을 만났다. 그리고 알았다. 가까운 곳에 도서관이 있다는 것은 얼마나 정신적으로 풍요로움을 누리는 일인지 말이다. 도서관과 가까이 살면 자연스레 책과 친해진다. 할 수만 있다면 도서관 근처에서 살며 아이들을 키우는 것은 매우 좋은 일이다.

이런 경험 때문에 개인적으로는 가장 가까운 도서관이 가장 좋은 도서관이라고 생각한다. 물론 시설이 좋고, 장서가 풍부하기로 소문난 도서관에 나들이 삼아 가보는 것도 좋다. 그러나 자주 가려면 언제든 아이와 함께 갈 수 있는 거리에 있는 도서관이 좋다.

도서관 나들이가 즐거움이 되어야 한다

아이들이 어릴 때부터 도서관에 다니는 것은 이제 독서교육의 기본에 속한다. 그런데 이를 실천하기 어려운 경우가 종종 있다. 아이가 도서관이라면 질색을 하는 경우다.

기억을 더듬어보니 내 아이도 처음에는 도서관에 가는 걸 거부했다. 아이도 마침 초등학생이고 도서관 근처로 이사도 왔으니 부모로서 당연히 함께 가고 싶었다. 그런데 아이는 한두 번 따라와보고는 시큰둥했다. 이유를 물었더니 생각지도 못한 답이 돌아왔다. "도서관보다 우리 집에 책이 더 많아!" 아이들이 하는 말은 맥락에 따라 잘 새겨들어야 한다. 도서관보다 우리 집에 책이 더 많을 리야 없다. 아마 이 말에 숨은 뜻은 도서관보다 집에 자기가 좋아하는 책들이 더 많다는 뜻이었을 테다. 《마법천자문》부터 《명탐정 코난》까지 아이가 좋아하는 만화책들은 도서관에 없었다. 그러니 왜 도서관에 가겠나.

내 경우는 아이가 도서관에 가기 싫다고 하면 굳이 억지로 데려가지 않았다. 나 혼자 마실 삼아 도서관에 다녀왔다. 아주 맛있는 음식을 혼자 먹고 왔다는 듯이 도서관을 야금야금 이용하는 모습을 자주 보여주었다. 신기하게도 그러다 아이가 중학생이 될 무렵 자발적으로 도서관에 다니기 시작했다. 때로는 강제보다 부모가 책과 도서관을 즐기는 모습이 더 도움이 되는 경우도 많다.

딸이 도서관에 가지 않겠다고 버텨서 난감해하는 후배도 있었다. 초등학교 2학년 아이가 도서관을 거부하는 이유는 이랬다. "도서관에서는 책 읽으면서 간식을 먹을 수도 없고, 큰 소리로 말할 수 없어서 싫어!" 여러 사람이 함께 이용하는 도서관에는 이용 예절이 있다. "큰 소리로 떠들지 않는다. 친구와 대화는 밖에서 한다. 책을 소중하게 다룬다. 도서관에서는 음료를 마시거나 간식을 먹을 수 없다. 도서관에서는 바른 자세로 앉아 책을 읽어야 한다." 등이다. 이런 규칙과 예절을 지켜야 하는 도서관은 아이들에게 자칫 근엄하고 딱딱한 곳으로 느껴질 수 있다. 처음 도서관에 온 아이들이라면 낯설고 숨 막힐 수 있다. 집에서라면 좋아하는 과자를 먹으며 소파에 누워 아주 편안한 자세로 좋아하는 책을 읽을 수 있는데, 뭐 하러 도서관에 갈 것인가. 순전히 아이의 입장이 되어본다면 구태여 도서관에 갈 필요가 없는 것이다. 아마도 아이가 도서관을 거부한다면 이런 이유가 숨어 있을 것이다.

초등학교 교사 송주현이 쓴 《나는 1학년 담임입니다》에는 이제 막 1학년이 된 아이들의 이야기가 생생하게 그려진다. 단순한 학급일지가 아니라 아이들의 일상에 오랜 교사 경험을 더해 아이를 키운다는 것에 대한 고민과 성찰을 담은 책이다. 이 중에 도서관에 관한 송주현 선생의 경험담은 귀담아들을 만하다.

송주현 선생 역시 교사 이전에 아이를 키우는 부모다. 교사로서 말하기는 쉽지만 부모로서 실천하기는 어려운 일이 있다. 그중에 하나가 강제로 공부시키지 말고, 아이가 뭔가 하고 싶다고 말할 때까지 기다리는 것이다. 자녀를 이렇게 대하는 것이 얼마나 어려운지는 아이를 키워보면 안다. 송주현 선생은 그래서 전문가들의 이야기에 귀를 기울였다. 그랬더니 한결같이 공부보다 더 중요한 것이 책을 가까이하게 하는 것이라고 말했다. 하지만 역시 아이들이 자발적으로 나설 때까지 마냥 기다리는 것은 힘든 일이었다. 송주현 선생은 아이들이 어떻게 하면 책을 즐길 수 있을지를 고민하다가 함께 도서관에 다니기로 했다. 그런데 무조건 도서관에 가자고 하면 역효과가 날 수 있으니 한 가지 꾀를 냈다.

도서관에 책을 빌리러 가는 날은 도서관 앞에서 아이들과 외식을 하기로 했다. 아이들과 도서관에 가서 '무슨 책을 고를까'보다 '무엇을 먹을까'를 의논하느라 바빴다. 그런데 한 해, 두 해 시간이 흐르며 아이들은 외식의 즐거움이 아니라 책의 재미에 빠져들었다. 앞에서 나는 '아이들이 책을 쉽게 접할 수 있어야 한다. 책을 읽기에 편안하고 좋은 장소가 마련되어야 한다.'가 독서교육의 시작이라고 말했다. 이런 환경을 만들어주되 아이들이 강제라고 느끼지 않고 즐길 수 있도록 이끌어주는 것이 부모의 역할이다. 혹 도서관에 가자고 하는데 아이가 안 가겠다고 해서 고민이라면 송주현 선생의 사례에서 힌트를 얻기 바란다. '도서관에 가기'도 충분히 즐거운 독서 경험이 될 수 있다.

아홉 살 독서 수업

 ## 도서관에 간 사자

미셸 누드슨 글, 케빈 호크스 그림, 홍연미 옮김, 웅진주니어

어느 도서관이든 《도서관에 간 사자》에 등장하는 메리웨더 관장님처럼 규칙을 강조하는 깐깐한 관장님이 있기 마련이다. 메리웨더 관장님은 도서관에서는 "뛰면 안 되고, 조용히 해야 한다."고 말해왔다. 도서관 정신을 아는 관장님은 그 누구라도, 비록 사자라도 규칙만 지킨다면 언제든 와도 좋다고 허락한다.

그래서 도서관에 들어올 수 있었던 사자는 책 읽어주는 이야기 시간을 무척 좋아하고, 책 정리 등 일을 도우며 도서관을 즐긴다. 그런데 사자는 그토록 관장님이 지켜야 한다고 강조한 도서관 규칙을 깨고야 만다. 왜 그랬을까. 도서관에서 지켜야 할 기본예절에 관해 이야기를 나눌 수 있는 흥미로운 그림책이다.

《도서관에 간 사자》에서 주인공이 사자였던 이유에는 적어도 두 가지 의미가 있다. 하나는 한시도 가만히 있을 수 없는 어린아이들의 특징을 상징적으로 빗댄 것일 테다. 또 다른 하나는 뉴욕 공공도서관의 상징이 사자이기 때문이다. 그림책의 면지에 뉴욕 공공도서관의 본관 계단을 오르면 만날 수 있는 두 마리의 사자가 그려져 있다. 사자의 이름은 '인내'와 '용기'이며 도서관의 마스코트로 큰 사랑을 받고 있다.

무어 사서 선생님과 어린이도서관에 갈래요!

잰 핀버러 글, 데비 애트웰 그림, 서남희 옮김, 다산기획

1911년 문을 연 뉴욕 공공 도서관에 중앙 어린이실을 만든 사서 무어 선생님의 이야기를 담고 있다. 이 책은 어린이도서관이 만들어진 이야기인 동시에 여성 차별이 심했던 시대에 자신의 일을 개척하고자 노력한 한 여성의 이야기다.

미국 공공 도서관의 역사는 100여 년 정도다. 하지만 처음부터 어린이들이 도서관을 자유롭게 이용할 수 있었던 것은 아니다. 어린이는 도서관에 들어갈 수도, 책을 빌릴 수도 없었다. 도서관에서 소외된 존재였다. 무어 선생님은 뉴욕 공공 도서관 개관에 맞춰 중앙 어린이실을 만들며, 오늘날 어린이도서관의 원형을 보여주었다. 꿈을 이루기 위해 노력한 무어 사서 선생님의 일생을 따라가다 보면 도서관이 어떤 의미가 있는지를 알게 된다.

 ## 도서관에 가지 마, 절대로

이오인 콜퍼 글, 토니 로스 그림, 이윤선 옮김, 국민서관

어른이 읽어도 재미난 동화다. 장난꾸러기 형제는 부모님의 뜻에 따라 마을 도서관에서 방학을 보내기로 했다. 하지만 아이들은 도서관이 죽기보다 싫다. 왜냐하면 도서관에는 돌아다니거나 떠드는 아이에게 감자 총을 발사하는 무시무시한 사서 선생님이 있기 때

문이다. 마티 형은 사서 선생님을 골려주려 시도하지만 즉시 고무
도장이 날아왔다. 벌로 서가 정리를 하다가 책장에 열 군데 넘게
손을 베이고 말았다. 결국 현실을 받아들인 형제는 하는 수 없이
책을 펼친다. 그런데 뜻하지 않은 일이 일어난다. 그냥 거인들의 싸
움이 어떻게 되는지 두어 문장만 읽으려고 했는데 멈출 수가 없는
거다. 《아르테미스 파울》로 유명한 이오인 콜퍼가 들려주는 흥미진
진한 이야기다.

맑은 날엔 도서관에 가자

미도리카와 세이지 글, 미야지마 야스코 그림, 햇살과나무꾼 옮김, 책과콩나무

도서관을 배경으로 삼은 추리 형식의 연작동화다. 시오리와 사서
인 미야코 언니를 주인공으로 삼고 단편마다 새로운 주변 인물들
을 등장시켜 책과 도서관을 둘러싼 이야기를 들려준다. 네 살짜리
어린아이가 도서관에서 엄마를 찾는 이유, 60년 전에 빌린 책을 반
납하는 사연 등 궁금증을 불러일으키는 이야기 속에 도서관 이용
방법, 책과 도서관의 역사 같은 정보도 가미되어 있다.
문장이 쉽고 평이하며 추리 형식이 가미되어 초등학교 중학년 정
도라면 흥미롭게 읽을 만하다. 책을 읽고 나면 '한 권의 책은 하나
의 세상'이라는 메시지가 와 닿는다. 등장인물들처럼 도서관에 얽
힌 사연을 부모가 아이와 함께 나눠보면 더 좋다.

3부
———

책 읽기가
이토록
쓸모 있을 줄이야

1

'한 학기
한 권 읽기'가 뭐죠?

되돌아보면 시기마다 주목받는 독서교육 방법론이 있었다. 내가 어릴 때는 속독이 유행이라 빠르게 읽는 것이 대단한 비법이라도 되는 양 인기를 끌었다. 다독을 강조하던 때도 있었다. 학교에서는 책을 많이 읽은 학생에게 '다독왕'을 수여하기도 했다. 한동안 초등학생에게 동서양의 고전을 읽게 하는 독서법이 화제가 된 적도 있다. 생각해보니 '슬로 리딩'은 그다지 주목받지 못한 독서법이었다. 자고 나면 새로운 정보가 쏟아지는 세상이고 다들 강박적으로 빨리빨리 읽는다. 읽기뿐 아니라 무엇이든 천천히 음미할 여유가 없다.

하지만 적어도 읽기만 놓고 보자면 천천히 읽기는 궁극의 독서법이다. 다독의 시절을 보낸 책벌레라도 마지막에는 천천히 읽기에 다다른다. 시간을 들여 한 권의 책을 곱씹어가며 정독한다. 이렇게 천천히 읽을 때 단지 읽는 데서 그치지 않고 텍스트 너머의 세계를 사유하고 성찰할 수 있기 때문이다. 노벨문학상 수상 작가인 오에 겐자부로 같은 사람은 절대 속독을 권장하지 않는다. 오히려 한 권의 책을 여러 번 '다시 읽기'를 해야 한다고 주장한다. 한 권의 책을 반복해서 읽는 법 역시 책벌레들이 인정하는 최고의 독서법 중 하나다.

교육과정으로 들어온 천천히 읽기

놀랍게도 이런 천천히 읽기가 교육 현장에서 시행되고 있다. 최근 교과과정으로 채택된 '한 학기 한 권 읽기'가 천천히 읽기다. '한 학기 한 권 읽기'는 말 그대로 한 권의 책을 정해 한 학기 동안 읽고 활동하고 토론하는 방식을 말한다. 한 학기 동안 겨우 한 권을 읽다니 과거 같으면 있을 수 없는 일이다. 현직 고등학교 국어 교사이자 《한 학기 한 권 읽기》를 펴낸 송승훈은 이를 "20년 사이 국어 교과과정에서 일어난 가장 혁신적인 변화"라고 평가한다.

사실 '한 학기 한 권 읽기'는 교과과정에 포함되기 이전부터 '온

아홉 살 독서 수업

작품 읽기' 혹은 '온 책 읽기'라는 이름으로 교사들이 실천하던 독서교육 방법이다. 오랫동안 많은 교사들이 이 방법을 교육 현장에서 실천해왔고 효과를 검증받자 정식으로 교육과정에 반영되었다. 교사들이 아이들과 온 책 읽기를 어떻게 해왔는지 그 방법론을 담은 책들도 여럿 출간되어 있다.

국내에 2012년 소개된 《천천히 깊게 읽는 즐거움》은 일본의 천천히 읽기 교육 사례를 소개한 책이다. 한 권의 책을 어떻게 천천히 읽는다는 것인지, 어떤 효과가 있는지를 이 책을 통해 살필 수 있다. 저자인 하시모토 다케시는 일본의 국어 교사였다. 그는 중고등학교 6년 과정을 교사 한 명이 한 교과목씩 맡아 계속 가르치는 중고등 일관학교 나다에서 좀처럼 하기 어려운 시도를 했다.

문고본 분량의 《은수저銀の匙》는 작가 나카 간스케가 이모에 대한 기억을 중심으로 유년기를 그려낸 자전적 소설이다. 고전이라 읽기 쉽지 않은 작품인데 하시모토 다케시는 《은수저》 한 권을 학생들과 무려 3년에 걸쳐 읽었다. 어려운 낱말 풀이, 관련 정보와 지식을 담은 학습 교재를 만들어 나누어주고 학생들이 조별 토론을 하며 어떤 생각이든 자유롭게 발표하고 쓰게 했다. 또 작품과 연관해 궁금한 것이 있다면 직접 찾아보고 작품 속에 나오는 곳을 방문하기도 했다. 이렇게 한 권의 책을 천천히 읽는 과정에서 학생들은 수업의 주인이 될 수 있었다. 이런 실험적인 방법은 나다 학교에서 1950년부터 시행되었고, 이 학교 출신 학생들이 전후 일본 사회

에서 주류로 나서자 주목받았다. 나다 학교는 1962년에 교토대학, 1968년에는 도쿄대학 입시에서 가장 많은 합격자를 냈다. 둘 다 일본의 명문으로 손꼽히는 대학이다.

책을 몸에 새기는 방법

사실 교과서에는 이미 훌륭한 문학작품이 많이 소개되어 있다. 그런데 아이러니한 건 교과서에서 읽은 동화나 소설 중에 감동받는 작품이 별로 없다는 것이다. 반면 수업 시간에 몰래 읽은 로맨스 소설이나 추리소설은 두고두고 기억에 남는다. 이런 차이는 학생들이 얼마나 작품을 흥미롭게 읽었는가 혹은 몰입해서 읽었는가에 달려 있다.

교과서는 문학작품을 부분적으로 발췌해 싣는다. 다양한 갈래의 작품을 국어 교과서 한 권에서 싣다 보니 일부분을 발췌하여 담는다. 한 작품을 온전하게 느끼고 감상하기에는 제약이 따른다. 게다가 국어 교과서에 실린 작품 읽기는 문학작품 감상이 아니라 공부이자 시험을 위해 어쩔 수 없이 하는 일이 된다. 시험문제가 어디서 어떻게 나올까 하는 마음으로 문장을 토막토막 분석하는 데 급급하다. 그러다 보니 재미나 감동을 느낄 겨를이 없다. 이런 이유로 시험이 끝나면 교과서 속 문학작품은 다 잊어버리고 만다. 나 역시 비슷한 경험을 한다. 직업적인 이유로 하루 만에 허겁지겁 책을 읽고 리뷰를 쓰고 나면 무얼 읽었는지 아무것도 기억나지 않는다. 아이들도 마찬가지로 숙제하느라 억지로 읽은 책은 생각나지 않을 테다. 반대로 어른들이 보기에는 별것 아닌 책이라도 아이가 재미있게 읽었다면 기억나지 않을 리 없다. 내 방식대로 해석하자면 '한 학기 한 권 읽기'는 한 권의 책이 재미있다는 기억을 만들어주는 느린 책 읽기 방법이다. 3년 동안 내리 《은수저》 한 권을 읽고 궁리하고 놀았던 아이들이 어떻게 그 책을 잊을 수 있겠는가.

한데 우리는 학생들의 고충과 사교육 부담을 덜려고 교육과정을 개선하면 오히려 더 많은 부담이 생긴다. 마찬가지로 '한 학기 한 권 읽기'가 시행된다고 하니 학부모는 또 무얼 준비해야 하나 긴장할 수 있다. 그러나 앞서 말했듯 이 방법은 일선 교사로부터 시작되어 교육과정으로 편입되었다. 다시 말해 교사들이 이미 현장에서 이런저런 시행착오를 겪어보았다는 뜻이다. 학교 독서교육에서 가장 큰 문제는 읽기가 또 하나의 숙제가 되는 것이다. 집에서 책을 읽어 오라고 하면 일부 학생들을 제외하고는 대대수가 읽어 오지 못한다.

'한 학기 한 권 읽기'는 정규 교과 시간에 책을 읽는 것이 원칙이다. 수업 시간에 책도 읽고 관련된 활동도 하고 친구들과 토론도 한다. 한 반의 아이들이 모두 똑같은 책을 읽고 활동을 할 수도 있다. 혹은 학급 구성원들의 읽기 능력이나 사정에 따라서 여러 권을 정해두고 자기 수준에 맞는 책을 골라 읽고 모둠으로 활동을 할 수도 있다. '한 학기 한 권 읽기'가 어떻게 시행될지는 교사의 재량에 많은 것이 달려 있다. 시중에 나와 있는 '한 학기 한 권 읽기' 책들은 대부분 교사들을 위한 안내서이지만, 학부모가 읽으면 집에서 아이들과 책을 읽을 때도 도움을 얻을 수 있다.

한 권의 책을 읽고 할 수 있는 활동은 그야말로 책을 읽은 아이들의 수만큼 다양하다. 전통적인 방식으로 독후감을 쓸 수도 있고, 주인공에게 편지를 쓸 수도, 작품의 시대 배경을 담은 사진을 찾아보며 당시 분위기를 느낄 수도 있다. 주인공의 모습을 그리거나 만들기를 할 수도 있다. 원작으로 만든 영화를 함께 볼 수도 있다. 내가 주인공의 입장이라면 어떻게 했을까를 토론해볼 수도 있다. 그러나 이제 막 읽기를 시작한 초등 1~2학년들은 '한 학기 한 권 읽기'에서 주인공의 감정에 공감하고, 책 속에 담긴 생각을 천천히 더듬어갈 수 있다면 충분하다.

'한 학기 한 권 읽기'는 독서교육의 방법론이 속독이나 다독에서 정독으로 옮겨가고 있다는 사실을 잘 보여주는 현상이다. 독서가 더 이상 아이들에게 숙제가 되어서는 안 되며 즐기고 함께 나누고 배우는 경험이 되어야 한다는 사실을 반증하는 일이다.

아홉 살 독서 수업

 이 고쳐 선생과 이빨투성이 괴물

롭 루이스 글그림, 김영진 옮김, 시공주니어

동화책을 천천히 읽을 때 가장 중요한 것은 아이들이 주인공에게 감정이입하고, 이야기의 재미를 느끼는 일이다. 아이에게 책을 읽어줄 때도 이런 방향으로 이끌어주면 좋다. 일고여덟 살 때는 젖니가 빠지고 영구치가 나기 시작한다. 치과에 가본 아이들이라면《이 고쳐 선생과 이빨투성이 괴물》이 재미있을 뿐 아니라 이 고쳐 선생에게 쉽게 감정이입할 수 있다. 이 고쳐 선생은 훌륭한 치과의사다. 한데 이빨이 만 개나 되는 동물을 고쳐달라는 부탁을 받고 고민한다. 대체 이빨이 만 개라면 얼마나 커다란 동물일까. 이빨을 고쳐주고 나면 자신을 잡아먹지는 않을까. 이렇게 해서 이 고쳐 선생님의 작전이 시작된다.

아이들이 치과에서 마치 이 고쳐 선생님처럼 겁나지 않았을까. 아이들에게 치과에 갔을 때의 느낌을 먼저 떠올려보게 한다. 그러면 이 고쳐 선생님의 두려움도 짐작할 수 있다. 또 아이가 상상하는 무서운 동물을 그려보도록 한다. 만약 아이가 의사라면 이런 동물을 어떻게 치료할지를 말해볼 수도 있다. 이런 식으로 책을 읽고 이야기를 나누고 그림을 그리고 놀이를 만들어가다 보면 아이만의 이 고쳐 병원 이야기가 탄생한다.

내 모자야

임선영 글, 김효은 그림, 창비

어린이문학에는 동물을 주인공으로 삼은 작품들이 많다. 동물은 아이들에게 친숙할 뿐 아니라 인물의 성격을 보여주는 특징적 캐릭터로도 적절하기 때문이다.

임선영의 《내 모자야》는 숲속 동물인 토끼, 호랑이, 곰이 주인공이다. 토끼는 산책을 나왔다가 길 가운데에서 무언가를 발견한다. '이게 뭘까' 고민하던 토끼는 그걸 머리에 써보았다. 그랬더니 토끼의 길쭉한 귀가 한쪽씩 모자 속에 쏙 들어간다. 안성맞춤 모자다. 토끼는 흥분하며 말했다. "이건 모자야, 토끼 모자!" 하지만 숲속 동물 친구들은 토끼의 말을 믿어주지 않는다.

캐릭터가 분명한 책을 읽을 때는 토끼, 호랑이, 곰의 목소리를 흉내 내서 읽어주면 더 흥미롭다. 혹은 가족이 역할을 맡아 함께 읽어도 좋다. 또 숲속 동물들의 놀이를 따라해도 재미있다. 특히 토끼가 발견한 모자처럼 모자가 아닌데 모자로 딱 좋은 것들을 말하거나 그림을 그리거나 집에서 찾아 써보자.

 ## 나는 3학년 2반 7번 애벌레

김원아 글, 이주희 그림, 창비

이 책을 쓴 김원아 작가는 초등학교 교사다. 초등학교 3학년 과학에는 새끼나 알을 낳는 동물의 한살이 과정을 배우는 단원이 있다. 이때 배추흰나비의 한살이 과정을 그림과 글로 표현해보곤 한다. 작가는 이 경험을 동화로 탄생시켰다.

동화 속 주인공은 어린이가 아니라 교실에서 자라는 애벌레다. 교실에서 일곱 번째로 태어난 '7번 애벌레'가 주인공이다. 7번 애벌레는 형님들과 달리 호기심이 많고 아이들이 좋다. 그래서 잎을 먹을 때 이런저런 무늬를 만들어서 아이들을 즐겁게 한다. 한데 아이들이 생각 없이 가져온 농약 묻은 잎 때문에 애벌레들은 굶어죽을 위기에 처한다. 이때 7번 애벌레는 긴급구조를 요청할 수 있는 방법을 생각해낸다. 애벌레의 한살이뿐 아니라 생명 존중에 대한 메시지가 녹아 있는 작품이다. 동화를 읽고 나면 절로 뭔가 하고 싶어지는 책이다. 애벌레처럼 움직여보기, 애벌레의 입장 되어보기, 애벌레를 키우고 나비가 되는 모습 지켜보기 등 도전할 거리가 가득하다.

책마을로 가는 열린어린이 독서교실

김원숙·김은천·김정미 외 지음, 열린어린이

아이의 독서력을 향상시키기 위해 대개 부모들은 논술학원에 보내는 걸 택한다. 물론 집에서 아이와 함께 책을 읽고 다양하게 느끼고 활동하고 이야기 나누고 싶은 부모들도 있을 테다. 하지만 읽을 책을 고르는 것도 힘든데 독후 활동은 더욱 만만치 않다.《책마을로 가는 열린어린이 독서교실》은 이런 고민을 지닌 부모들에게 권하는 책이다. 간단하게 말해 독후 활동을 위한 길라잡이 워크북이다. 유치부터 초등 6학년까지 학년마다 한 권씩 책이 출간되어 있다. 한 권 안에는 해당 학년의 어린이가 읽을 만한 책이 월별로 총 24권 추천되어 있다. 책의 배경이나 더 알아볼 거리 등 관련된 지식을 소개하는 것은 물론이고 독후 활동을 할 수 있도록 단계별로 워크지가 제공된다. 보통의 독후 활동은 아이가 제대로 읽었는지 내용을 파악하는 수준에 머문다. 그러나 이 책은 다양한 토론과 놀이, 더 생각할 거리 등 단계적이고 종합적인 독후 활동 프로그램이 제시되어 있는 것이 가장 큰 장점이다. 깊이 있는 활동을 하고 싶지만 어려움을 느끼는 교사와 학부모가 활용할 만하다.

아홉 살 독서 수업

2 지식책을 지혜롭게 활용하는 방법

독서교육에 관해 부모들이 많이 하는 질문 중에 편독에 관한 것들이 있다. 아이가 동화책만 읽어서 걱정인 부모도 있고 지식정보책만 읽어서 불안한 부모도 있다. 동화책만 읽는 경우 공부에 도움이 되는 지식정보책을 억지로 읽게 해야 하나 조바심을 느끼고, 지식정보책만 읽으면 나중에 국어를 못해 고생한다던데 어떻게 하나 고민한다. 지식정보책을 즐기는 아이들은 또 특정 주제에 치우치는 경향이 있다. 그러나 아이들은 자기가 좋아하는 주제에 집중하고 즐기다가 충분하다 싶으면 다른 관심사로 옮겨가기 마련이다.

지식책을 읽으면 똑똑해지지 않나요?

어린이책의 갈래는 크게 픽션과 논픽션으로 나뉜다. 픽션이란 소설처럼 이야기가 있는 그림책과 동화책을 말한다. 논픽션은 흔히 지식정보책 혹은 지식책 등으로 불리며 인물 이야기, 과학, 수학, 사회, 지리, 경제, 문화, 자연관찰, 예술, 체육 등 넓은 범주를 포함한다. 논픽션의 형식도 여러 가지다. 그림책으로 만들어진 지식책, 도감류, 스토리가 있는 논픽션 등 형태가 다양하다. 부모들은 동화보다 지식책이 더 어렵다고 생각한다. 교과 공부에 도움을 받으려면 어려서부터 과학이나 사회 등의 내용이 포함된 지식책을 부지런히 읽어야 한다고 생각한다. 하지만 어린이들은 논픽션 그림책이나 도감을 어른들과는 다르게 느낀다.

아직 초보 독자인 저학년 아이들에게 가장 어려운 것은 어떤 시공간 안에서 사건이 인과관계로 이어지며 연속되는 내러티브다. 다시 말해 동화가 더 이해하기 어렵다. 이 나이 또래를 위한 지식책들은 앞과 뒤의 내용이 원인과 결과로 이어져 전개되지 않는다. 대개 정보가 마디로 나누어져 전달되는 분절적 서술 형식을 취한다. 예를 들어《책상 잘 쓰는 법》같은 지식책은 두 페이지 펼침 단위로 한 가지 주제를 서술한다. 앞 페이지에서 설명한 '책상 사용법'을 알아야 뒤 페이지에 나오는 '공책 쓰는 법'을 이해할 수 있는 것은 아니다. 책상이나 공책이나 연필에 관한 내용들은 각기 독립적으로 설명된다. 그래서 이런 지식책은 아무 페이지나 관심 가는 대목을 펼쳐 읽어도 무방하다.

그래서 동화보다 이런 지식책을 더 편하게 생각하는 아이들이 있다. 이런 이야기를 하면 또 걱정을 하며 "그럼 어떻게 동화책을 읽게 하죠?"라고 묻는다. 아이가 지식책을 더 편하게 느끼고 재미있어 하면 아이가 원하는 대로 읽게 해주면 된다. 아이가 좋아하는 주제의 지식책은 스스로 읽게 하고, 아직 아이가 혼자 읽기 어려워하는 동화책은 부모가 읽어주는 방식을 함께 활용하면 된다.

부모가 아이에게 지식책을 꼭 읽히고 싶어 하는 이유는 이런 책을 읽어야 아이가 똑똑해지고 공부에 도움이 된다고 생각하기 때문이다. 초등학교 입학을 앞두었다면 전집으로 된 지식책 한 질 정도는 구입해야 한다고 여긴다. 주위에서도 교과 연계를 위해 필요하다느니 배경지식을 쌓는 데 도움이 된다느니 하며 권한다. 전집으로 된 지식책은 유아부터 초등 저학년까지 볼 수 있도록 잘 구성되어 있다. 가족, 전통문화, 세계의 여러 나라, 화폐, 동식물, 지구와 우주 등 다양한 주제를 다룬다. 초등 교과 연계 여부도 잘 보이는 곳에 표시되어 있다. 그림뿐 아니라 사진과 도표 등 볼거리도 풍부하다. 독후 활동을 어려워하는 부모들을 위해 책마다 워크북도 딸려 있다. 한 질 들여놓으면 누구라도 걱정이 없겠다 싶을 만큼 구성이 좋다.

하지만 아이가 이런 지식책을 읽으면 똑똑해질 거라는 생각은 부모의 희망사항이다. 이런 기대를 품은 부모는 아이가 지식책을 읽고 책에 담긴 정보를 기억하길 원한다. 다시 말해 지식을 습득하길 바란다. 아이가 책에서 읽은 어려운 과학 개념어나 그리스 로마 신화에 등장하는 신들의 이름이라도 기억했다가 말하면 부모는 보람을 느끼고 정말로 뿌듯해한다.

지식책에서 만나야 하는 것은 지식이 아니라 호기심

대여섯 살 무렵부터 읽기 시작하는 지식책에서 아이들이 만나야 하는 것은 지식이 아니라 호기심이다. 흔히 보는 것에서 새로운 생각을 해내는 것, 한 가지 사물을 보고 다양하게 생각해보는 것이 중요하다. 이건 왜 그럴까 궁금해하며 관찰하고 사고하는 힘을 길러주는 것이 지식책의 역할이다. 논픽션 작가인 박정선이 글을 쓴 《열려라! 문》이란 책이 있다. 이 책은 일상에서 만나는 다양한 종류의 문을 보여준다. 아이들은 거실 문, 화장실 문, 냉장고 문 등 일상에서 본 문을 책으로 확인하거나 혹은 책에서 읽은 내용을 실생활에서 확장할 수 있다. 여러 가지 문의 같고 다른 점을 관찰하고 확인하는 과정에서 아이들은 자연스럽게 과학적으로 사고하는 법을 익힌다. 이렇듯 호기심을 가지고 관찰하고 '왜 이럴까'를 생각하는

아홉 살 독서 수업

것이 더 중요하다. 5~6세용으로 만든 전집에서 "자연, 과학, 문화에 대한 체계적인 정보를 접하고 배우며 사회와 세계에 대한 소속감을 키울 수 있는 책"이란 문구를 보았다. 그 나이 또래 아이들에게 기대하기에는 너무 거창한 목표가 아닐 수 없다.

뇌과학자들은 하나같이 아이를 똑똑하게 만들기 위해 가장 중요한 것은 지식 자체가 아니라 경험과 감각이라고 말한다. 인간의 뇌는 완성된 채 태어나지 않는다. 카이스트 교수이자 뇌과학자인 김대식은 뇌의 성장을 도로에 비유한다. 갓 태어난 아이는 뇌 속에 경부선, 호남선, 영동선 같은 크고 중요한 고속도로 몇 가지밖에 없다. 그러나 고속도로만 있어서는 원하는 곳까지 갈 수 없다. 간선도로나 지방도로 혹은 샛길이 필요하다. 아이들의 뇌가 자란다는 것은 이런 작은 도로들이 수없이 생긴다는 뜻이다. 이를 뇌과학 용어로 말하자면 뇌세포와 뇌세포 사이의 신경망을 연결하는 시냅스가 활발하게 만들어진다고 한다. 아이들은 태어나서부터 시냅스가 만들어지기 시작해 7세 무렵이 되면 빡빡해질 정도로 밀도가 높아진다. 사춘기에 접어들기 전까지 아이들은, 거짓말이 아니라 정말 날마다 똑똑해진다. 그래서 아이들은 누구나 천재다. 어제까지 몰랐던 걸 오늘 알게 되고 조금 전까지 하지 못했던 걸 지금 할 수 있다. 이렇게 아이들을 똑똑하게 만드는 힘, 다시 말해 뇌세포와 뇌세포의 연결을 강화하는 것이 경험과 감각이다. 지식이 아니라 경험과 감각이 뇌세포의 연결을 돕는다. 아이들에게 필요한 것은 많이 보고, 많이 느끼고, 많이 듣고 경험하는 일이다. 아이들이 느끼고 경험한 것을 책에서 확인하거나 혹은 책에서 본 내용을 실제 생활로 연결하는 일련의 과정이 필요하다.

대개 다섯 살 무렵이면 아이들의 호기심이 폭발한다. 이 무렵부터가 지식책을 읽어줄 적기다. 아이들은 "왜요? 왜 그런데요?"를 달고 산다. 보고 만지는 것마다 물어봐서 부모가 아이의 질문에 일일이 답하기 힘들 정도다. 아이들의 시냅스가 활발하게 만들어지고 있다는 뜻이다. 아이들이 처음으로 지하철이나 기차 혹은 비행기를 탔을 때 혹은 개구리, 잠자리, 거미 등을 직접 보았을 때 얼마나 경이로워했는지를 기억할 것이다. 아이들이 느끼고 경험하고 궁금해하는 것을 확인하고 이 과정에서 뭐가 다르고 같은지 어떻게 쓰이는지를 관찰하고 생각해보는 것. 이것이 이 또래 아이들에게 지식책이 필요한 이유다.

아이의 관심을 따라가라

모든 부모들의 바람처럼 사교육으로 혹은 책 몇 권으로 아이들을 더 똑똑하게 만들 수 있다면 좋겠지만 가능한 일이 아니다. 아이들의 뇌가 성장하는 발달 과정은 수백만 년이 걸린 일이다. 이 과정을 몇 년 사이에 극적으로 향상시킨다는 것은 그저 희망사항일 뿐이다. 오로지 아이의 성장에 긍정적인 영향을 미친다고 확인된 것은 부모와 아이 사이의 유대감과 자연과 생명을 접하며 느낀 풍부한 감성과 경험뿐이다.

반드시 읽어야 하는 책에 연연하기보다는 지금 아이가 보고 있는 것, 관심 있는 것을 따라가는 것이 최선이다. 봄에 아파트 화단에서 새싹과 꽃과 나비를 만났다면 이런 이야기를 담은 책들을 골라 함께 읽어보자. 아이가 특별히 자동차를 좋아한다면 도서관이나 책방에 함께 가서 바퀴나 자동차가 나오는 책을 골라 읽자. 초등학교 저학년이라도 관심 있는 주제라면 아이의 읽기 수준보다 좀 더 수준 높은 책을 골라도 괜찮다. 아이들은 자기가 좋아하는 주제라면 어려워 보이는 책도 곧잘 소화한다.

세상의 많고 많은 초록들

로라 바카로 시거 글그림, 김은영 옮김, 다산기획

봄은 성큼 온다. 하룻밤 자고 나면 마른 가지에서 새잎이 찬란하게 피어난다. 로라 바카로 시거의 《세상의 많고 많은 초록들》은 초록을 노래하는 그림책이다. 새순이 나기 시작했다 싶은데 금방 녹음이 무성해진다. 조금만 눈여겨보면 이른 봄과 한여름과 가을의 초록은 저마다 빛깔이 다르다. 그림책은 이렇듯 세상에 존재하는 다양한 초록의 이야기를 들려준다. 그림책을 읽고 나면 세상의 초록이 자꾸자꾸 보인다. 수줍게 피어난 새순의 보들보들 초록, 햇빛을 만나 반짝이는 로즈마리의 초록, 바람에 흔들리는 메타세쿼이아의 초록까지. 아이들과 이렇게 다른 세상의 초록을 찾아보고, 나만의 초록 이름을 지어보기 놀이를 해보자. 특히 매 페이지마다 뚫려 있는 구멍이 다음 장면에서 무엇이 될까를 상상하는 재미도 놓칠 수 없다.

상추씨

조혜란 글그림, 사계절

한여름 밥상에 상추만 있어도 꿀맛이다. 상추비빔밥을 해먹을 수도 있고, 무엇이든 상추에 싸서 장만 곁들이면 밥 한 그릇이 뚝딱이다. 에너지가 넘치는 아이들은 한자리에서 평생을 살아가는 식물 이야기보다 동물에 더 관심이 많다. 그렇다면 먼 산에 가야 볼 수 있는 나무 이야기 말고 밥상에서 만나는 채소나 과일 이야기를 담은 책을 보여주면 된다. 베아트릭스 포터의 '피터 래빗' 시리즈 중에 아기 토끼들이 상추를 먹고 잠이 든 이야기가 있다. 이 책을 읽은 아이들은 상추를 무지 좋아한다. 비슷하게 조혜란의 《상추씨》를 즐겁게 읽은 아이들은 상추를 좋아하게 될 테다. 이왕이면 베란다에 상추씨도 심어 아이들과 키워보자. 천 조각을 이어붙이고 바느질해 만들어낸 상추의 한살이 또한 더없이 다정하다.

알아맞혀 봐! 곤충 가면 놀이

안은영 글그림, 천개의바람

안은영 작가는 그동안 네발나비, 잠자리, 도둑게, 애벌레, 개구리 등을 소재로 삼은 그림책을 선보였다. 이 중에서 《알아맞혀 봐! 곤충 가면 놀이》는 한 번도 자세히 들여다본 적 없는 곤충의 얼굴을 보여주는 책이다. 곤충의 얼굴을 가면으로 만들어 쓴 아이들이 해당 곤충을 설명하고 알아맞혀보는 형식이다.

곤충을 좋아해서 곤충 박물관이나 전시회 등을 다닌 적이 있는 아이라면 재미있어 할 책이다. 집에서 부모와 아이들이 직접 곤충 가면을 만들어보아도 좋다. 직접 그리는 동안 곤충에 대해 더 많이 관찰하고 알게 된다.

 ## 상어

오웬 데이비 글그림, 김보은 옮김, 타임주니어

상어에 관한 모든 궁금증을 정리한 지식책이다. 어른 입장에서는 왜 상어에 관해 이런 것까지 궁금해할까 싶은 이야기들이 가득하다. 상어의 이빨, 상어가 먹이를 공격하는 방법, 제일 몸짓이 큰 상어, 가장 빠른 상어, 가장 작은 상어 등 깔끔한 일러스트와 함께 정보가 제공된다. 아이들의 호기심과 궁금증을 자극하는 이런 책들이 완성도 면에서 아쉬운 경우들이 있는데, 이 책은 일러스트나 색감 등에서 세련된 디자인을 자랑한다. 오웬 데이비의 애니멀 클래식 시리즈 중 한 권으로 《원숭이》도 나와 있다. 하지만 아이들에게 사랑받는 건 뭐니 뭐니 해도 크고 무서운 상어다!

'과학의 씨앗' 시리즈

박정선 글, 이수진 외 그림, 비룡소

어린이 논픽션 작가인 박정선이 기획을 하고 글을 쓴 지식책이다. 다섯 살 정도면 충분히 볼 수 있는 내용이 담겨 있으며, 무엇보다 생활 속에서 쉽게 접할 수 있는 사물과 궁금증을 소재로 삼았다. 읽다 보면 저절로 과학의 원리에 대한 이해로 나아갈 수 있는 것이 장점이다. 과학이란 '정보를 습득하는 것이 아니라 사고 체계를 만들어가는 것'이란 과학교육의 목표를 지향한 책이다. 문, 종이, 바람, 바퀴, 주름, 물 등을 소재로 열 권의 책이 나와 있다.

'자신만만 생활책' 시리즈

전미경 외 글, 이해정 외 그림, 사계절

어린이들이 이것만은 꼭 알고 제대로 지켰으면 하는 열 가지 주제를 뽑아낸 라이프 지식정보책이다. 역시 어린이가 일상에서 경험하고 늘 고민하는 몸, 음식, 옷, 안전, 남과 여, 가족 등을 다룬다. 시리즈 중에서 아이가 관심이 있는 것부터 읽으면 될 뿐 아니라 한 권의 책에서도 역시 관심 가는 항목부터 읽으면 된다. 두 페이지 펼침면에 한 가지 개념에 대한 이야기가 구성되는 식으로 정보를 전달한다. 해당 주제에 대한 기본 원리부터 활용법까지를 담고 있어, 읽고 실천해보기도 좋다.

'네버랜드 자연학교' 시리즈

김웅서 외 글, 노준구 외 그림, 시공주니어

통합교육을 지향하는 현 교육과정 체계에 맞춘 정보지식 그림책이다. 자연에 대한 지식을 다루지만 최대한 일상과 지식을 연결하는 방식으로 구성되어 있다. 여기에 해당 주제의 전문가가 집필해 전문성도 확보했다. 바다, 숲, 강, 습지, 논과 밭, 나무, 돌, 흙, 씨앗, 물, 풀, 에너지에 관련된 책이 출간되어 있다.

'그림책으로 만나는 우리의 세계 유산' 시리즈

최종덕 외 글, 김옥재 외 그림, 열린어린이

세계유산으로 등재된 우리의 문화유산을 그림책 형식으로 들려주는 지식정보책이다. 창덕궁, 강릉단오제, 승정원일기, 종묘제례와 제례악, 훈민정음, 조선왕조실록, 경주, 제주, 고려대장경판, 의궤, 고인돌 등이 출간되었다. 전문가들이 집필해 내용이 충실하다. 궁궐이나 경주 혹은 제주 등 문화유산이 있는 곳에 나들이를 다녀왔다면 이런 책을 읽어주고 느낀 것을 확인하는 과정을 거치는 것이 경험을 책으로 이끄는 좋은 방법이다.

아홉 살 독서 수업

3

저학년 국어에서
꼭 배워야 하는 것

매년 대학수학능력시험이 끝나면 국어 시험이 어려웠다는 말이 나온다. 지문이 길고 소설이나 시나리오가 함께 나오는 복합 지문과 경제, 철학, 과학 등 비문학 지문이 나와 수험생들이 애를 먹었다는 보도가 이어진다. 여기서 '수험생들이 애를 먹었다.'는 말의 뜻은 학교 수업도 듣고, 학원도 다니고, 인터넷 강의도 들었는데도 불구하고 수능 국어가 어려웠다는 뜻이다. 그러니까 국어 공부를 열심히 했는데도 수능 국어가 어렵다는 말이다.

같은 책을 다양하게 읽어야 하는 까닭

초등학교 3학년부터 정규 수업 시간에 영어를 배운다. 그러니 웬만한 강심장 부모가 아니라면 초등학교 입학을 전후로 영어 공부를 시킨다. 이렇게 어려서부터 시작한 영어 공부는 대학 입시까지 이어진다. 수학도 마찬가지다. 그런데 고등학교에 진학하면 의외의 과목에서 빨간불이 들어온다. 생각지도 못했던 국어가 발목을 잡는다. 과외, 학원, 인강 등으로 국어 공부를 해보지만 쉽사리 성적이 오르지 않는다. 그러다 보니 고등학생들은 '국어는 공부를 하나 안 하나 성적에 큰 차이가 없는 이상한 과목'이라는 말을 한다. 특히 열심히 공부를 하는 아이들이 국어에 발목이 잡혀 난감해한다. 주변에서 이런 수험생을 흔하게 볼 수 있다

이런 현상이 나타나는 가장 큰 이유는 국어에는 비법이 없기 때문이다. 국어에 변치 않는 정답이란 없다. 시험이 다 그렇지만 특히 국어는 출제자가 의도한 문제에 맞는 답을 찾아야 한다. 그러니 다른 과목처럼 암기를 하거나 기계적인 문제 풀이로 유형을 익히는 수동적 공부법을 반복해도 효과가 없다. 같은 지문도 출제자의 의도가 달라지면 정답이 바뀌니 답을 맞히기 어렵다. 다시 말해 주어진 지문에 대한 이해와 응용력이 뒷받침되지 않는다면 매번 당황할 수밖에 없다.

초등학교와 중학교 때까지 국어는 크게 공부를 안 해도 되는 과

아홉 살 독서 수업

목이었다. 혹은 조금만 공부를 하면 성적을 올릴 수 있는 과목이었다. 하지만 고등학교 국어는 다양한 주제의 긴 글을 읽고 이해하는 능력을 테스트하기 때문에 그야말로 난공불락이다. 더구나 검인정 국어 교과서는 20여 종 가까이 된다. 이 많은 고등 국어 교과서와 수많은 문학과 비문학 지문을 다 읽어둘 수는 없다. 문해력을 쌓지 않는 한 단기간에 국어 성적을 올리는 것은 불가능에 가깝다. 그래서 많은 경우 고등학교에 올라가면 국어에 비상이 걸리는 것이다.

결국 국어 공부는 학생 스스로 갈래별로 주요한 작품을 골라 깊이 읽는 훈련을 하는 것이 가장 효과적이다. 초등학교에서 이미 시행되고 있는 '한 학기 한 권 읽기'도 이런 깊이 읽기의 한 방법으로 이해할 수 있나.

느끼고 생각하는 것이 중요해

초등학교 저학년은 이제 막 읽기 능력을 키우기 시작하는 나이다. 주제와 구조를 파악하고 인물과 시점을 살피고 상징과 은유를 찾는 깊이 읽기는 초등 고학년에서 중학생 무렵부터가 적당하다. 그전까지는 독서독립을 위해 듣기, 읽기, 말하기, 쓰기를 생활 속에서 꾸준히 즐기는 것이 중요하다. 초등 1~2학년 국어 과목의 학습 목표도 이것이다.

초등 1~2학년 국어에서 듣기와 말하기의 목표는 인사를 잘하고, 친구의 말을 귀담아듣고, 내가 하고 싶은 말을 자신 있게 하고, 바르고 고운 말을 사용하는 것이다. 일상에서 부모와 교사 그리고 친구들과 생활하며 충분히 배울 수 있는 내용이다. 문학 감상의 목표는 그림책, 동시, 동화를 주인공이나 작가의 마음을 상상하며 읽는 것이다. 이 또한 평소에 부모가 책을 읽어주고 아이와 이야기를 나누는 것으로 충분한 정도의 학습 목표다.

김포에서 꿈틀책방을 운영하는 이숙희 대표는 책방에 온 어른 손님들에게도 종종 책을 읽어주는 걸로 유명하다. 초등학생 아들에게도 여전히 책을 읽어주고 있다. 얼마 전에는 《별이 된 라이카》를 읽어주었다고 한다. 강아지 라이카는 인간에 앞서 1957년 11월 3일 우주를 향해 날아간 최초의 우주비행'견'이다. 라이카의 이야기를 담은 이 책은 초등 1~2학년이 읽기에 적당하다.

엄마가 책 읽어주는 소리를 듣던 아이는 다른 때보다 더 주인공 라이카에게 깊게 감정이입했다. 종종 낮에도 "엄마, 왜 꼭 동물로 실험을 해야 해?"라는 질문을 던질 정도였다. 마지막 장을 읽다가 돌아올 수 없는 라이카의 처지에 몰입하여 읽어주는 엄마도 듣는 아들도 목이 메었다. 초등 1~2학년 국어 과정에서 가장 중요한 것은 바로 이렇게 주인공의 마음이 되어보는 것이다. 라이카의 처지에 공감했다면 자연스레 동물실험에 대한 문제로 생각이 확장된다. 이때 부모와 아이가 이 주제에 대해 의견을 주고받으며 깊이 읽

　　　　　　　　　아홉 살 독서 수업

기로 나아갈 수 있다. 이처럼 아이의 일상이나 경험으로 들어갈 수 있는 책을 읽고 주인공의 마음이 어땠을지, 작가는 왜 이런 이야기를 우리에게 들려주고 싶어 하는지를 느끼고 말해보면 된다.

받아쓰기 스트레스에서 벗어나기

초등학교 1~2학년이라도 국어 영역에서 따로 공부해야 하는 부분이 있다면 맞춤법과 띄어쓰기다. 고경태 기자가 쓴《글쓰기 홈스쿨》을 읽다 맞춤법과 띄어쓰기 문제를 풀어본 적이 있다. 문제를 풀어보고 너무나 놀랐다. 형편없는 점수가 나왔기 때문이다. 고등교육을 받았다고 맞춤법과 띄어쓰기를 잘하는 것은 아니다. 한글 맞춤법과 띄어쓰기는 결코 쉽지 않다. 특히 요즘은 해시태그를 위해 띄어쓰기를 무시하거나 소리 나는 대로 글을 쓰는 게 일상이어서 어른이라도 문법 실력을 과신할 수 없다. 하물며 아이들은 오죽할까.

그러나 아이들을 괴롭히기 위해 국어 문법을 가르치는 것은 아니다. 말과 글이 있기에 서로의 생각을 알 수 있고 전할 수 있다. 그러려면 제대로 쓰는 것부터가 시작이다. 초등 1~2학년이 배우는 문법은 한글의 자음과 모음의 소릿값을 알고 정확하게 발음하고 쓰는 것, 그래서 자음과 모음이 모여 글을 만드는 구성 원리를 이해하는 것으로부터 시작한다. 받침이 없는 말부터 시작해 점차 범위를 넓혀간다. 또 마침표, 물음표, 느낌표 등 문장부호를 배우고, 조사 등에 의해 문장의 유형이 달라진다는 걸 이해하면 된다.

아이들이 가장 어려워하는 건 뭐니 뭐니 해도 맞춤법과 띄어쓰기다. 아이들은 받아쓰기를 하며 적잖이 스트레스를 받는다. 이럴 때는 맞춤법과 띄어쓰기가 왜 필요한지를 재미나게 담아낸 그림책을 먼저 보면 좋다. 띄어쓰기의 사례를 강조할 때마다 빠지지 않는 문장이 "아버지 가방에 들어가신다."이다. 박규빈 작가는 띄어쓰기와 맞춤법을 잘못하면 뜻이 달라진다는 점에 착안해 기발한 판타지를 만들어냈다. 만약 아이가 받아쓰기로 골머리를 앓는다면 《왜 띄어 써야 돼?》와 《왜 맞춤법에 맞게 써야 돼?》를 함께 읽으며 맞춤법과 띄어쓰기가 왜 필요한지를 설명해주자. 무조건 강요하는 것보다는 이유를 설명해줄 때 학습 효과도 높아진다.

국어 문법을 익히기 위해 시중에 나와 있는 책들을 참고 도서로 활용하는 방법도 권한다. 초등 1~2학년은 국어 시간에 소리와 표기가 같은 낱말과 다른 낱말을 배운다. 이 내용을 다룬 《닮은 듯 다른 교과서 속 우리말 1~2학년군》 같은 책의 도움을 받을 수 있다. 국어에서 아이가 특히 어려워하는 내용이 있다면 이처럼 부교재로 활용하기 좋은 책들을 읽어보자.

왜 띄어 써야 돼?

박규빈 글그림, 길벗어린이

《왜 띄어 써야 돼?》는 띄어쓰기 따위는 없어져버렸으면 좋겠다고
바랐던 훈이의 이야기다. '왜 꼭 띄어 써야 하는 걸까.' 훈이는 알
수가 없다. 선생님도 엄마도 훈이에게 "몇 살인데 아직도 띄어쓰기
하나 제대로 못 하냐"고 소리를 지른다. 불만에 가득 찬 훈이는 부
러 띄어쓰기를 건성으로 한다. 그런데 '엄마 가방에 들어가신다.'라
고 쓰자마자 엄마가 가방에 들어가 나오지 못한다. '아빠 가죽을
드신다.'라고 쓰자 아빠가 계속 가죽을 먹어야 한다. 모두 훈이가
띄어쓰기를 잘못해 벌어진 일이다.

띄어쓰기를 엉망으로 해서 엄마와 아빠를 곤란에 빠뜨린 훈이의
모습은 띄어쓰기의 중요성을 알리는 동시에 어린이들에게 시원한
카타르시스를 선사한다. 국어 교과서에도 수록되었다.

왜 맞춤법에 맞게 써야 돼?

박규빈 글그림, 길벗어린이

이번에는 맞춤법 때문에 소동이 난다. 훈이는 어린이날을 앞두고 글짓기 숙제를 한다. 선생님은 지난번에는 띄어쓰기를 못하더니 이번에는 맞춤법도 엉망이냐며 다시 써 오라고 한다. 하지만 내일은 어린이날이다. 훈이 같은 어린이가 왕 노릇을 하는 날이 아닌가. 그런데 숙제를 해야 하다니 말도 안 된다. 그래서 훈이는 고쳐쓰지 않기로 한다.

다음 날 일어나자 엄마가 못처럼 벽에 박혀 있다. 왜 이렇게 되었냐고? '훈이가 엄마도 못처럼 쉬는 날이니까.'라고 썼기 때문이다. 훈이가 맞춤법에 맞게 고쳐써야 엄마 아빠를 구할 수 있다. 띄어쓰기 잘하고, 맞춤법에 맞게 글을 써서 엄마 아빠를 구할 수 있다면 해 볼 만한 일이 아닌가.

 ## 닮은 듯 다른 교과서 속 우리말 1~2학년군

정유소영 글, 현태준 그림, 시공주니어

1~2학년이 알아야 할 뜻이 다른 낱말과 혼동하기 쉬운 낱말을 모아 재미있는 이야기로 들려준다. 선생님은 아이들이 맞춤법을 틀릴 때마다 그 글자로 별명을 지어준다. 장군이는 '걸음이 빠르다.'를 '거름이 빠르다.'로 잘못 적었다. 선생님은 기다렸다는 듯이 '거름 장군'이란 별명을 지어주었고 아이들은 바로 '똥 장군'으로 부르기 시작한다. 장군이는 이 불명예스러운 별명으로부터 벗어나기 위해 애를 쓰는데, 과연 성공할 수 있을까.

초등학생을 위한 맨 처음 어휘 맞춤법 띄어쓰기

김영주 글, 김소희 그림, 휴먼어린이

김영주의 《초등학생을 위한 맨 처음 어휘 맞춤법 띄어쓰기》는 일종의 워크북처럼 구성된 책이다. 읽는 데서 그치지 않고 아이들이 직접 연필을 잡고 써보며 몸으로 맞춤법과 어휘력을 늘릴 수 있도록 돕는다. 이 책을 쓴 김영주 작가는 《짜장 짬뽕 탕수육》을 쓴 동화작가로 유명하지만 실은 초등학교에서 10여 년 동안 아이들을 가르친 교사이기도 하다.

책 속에 실린 어휘, 맞춤법, 띄어쓰기 공부법은 김영주 작가가 수업 시간에 아이들과 함께 했던 내용이다. 사실 한글 맞춤법은 개념어부터 어렵기만 하다. 개념 설명을 하는 중에 아이들은 벌써 지친다. 이 책은 어렵기만 한 개념 설명 중심이 아니라 한글의 원리를 깨치도록 유도한다. 아이들이 직접 규칙을 발견하고, 국어에 대한 자신감을 키우도록 이끄는 것이 최대의 장점이다.

4

'참 재미있었다'로
끝나는 일기는 그만

초등학생 아이들을 괴롭히는 것은 여러 가지가 있다. 그중 하나가 일기다. 어릴 때 일기 쓰기를 밀려서 혼난 경험은 누구나 있을 것이다. 특히 개학을 앞두고 일기를 몰아 쓰느라 고생했던 기억은 아직도 생생하다. 나는 초등학교 때 쓴 일기를 지금도 보관하고 있는데, 어쩌다 펼쳐보면 개발새발 쓴 글씨만 봐도 한꺼번에 억지로 꾸며 쓴 티가 풀풀 난다. 그렇게 일기를 쓰기 싫어했지만 고등학생이 되고 나서는 누가 시키지도 않았는데 자발적으로 일기를 쓰기 시작했다.

그 후 많은 시간이 흘렀지만 아직도 일기를 쓴다. 잊어버리고 싶지 않은 소중한 순간과 내밀한 감정을 일기에 쓴다. 누구누구 때문에 억울하고 분통이 터져서 화를 내지 않으면 미쳐버릴 것 같은 순간에도 일기를 쓴다. 나의 몸과 마음속에 일어난 일과 감정을 글로 쓰는 순간만큼 정직하게 자신을 만나는 때는 없다. 일기쓰기는 초등학교 시절까지 억지로 하다 학교를 졸업하자마자 영원히 작별하기에는 참 아까운 일이다. 너무 소중한 좋은 습관이다.

잘 듣고 잘 읽어야 잘 쓴다

일기가 좋은 이유는 여러 가지다. 그중 하나는 글 쓰는 연습을 할 수 있다는 것이다. 가수 아이유는 한 인터뷰에서 작사를 할 때 어디서 영감을 얻느냐는 질문을 받고 "주로 일기에서 나온다."고 말했다. 이 말을 듣고 옳거니 했다. 일상에서 느끼고 경험한 일을 적다 보면 누구나 저절로 쓰기 훈련이 된다. 만약 작가라면 그 속에서 글감을 건질 수도 있다.

언어 능력은 듣기-말하기-읽기-쓰기를 포함한다. 이 네 가지는 독립적이거나 개별적인 것이 아니다. 유기적으로 서로 영향을 주고받으며 서서히 능력이 키워진다. 듣기가 충분히 이루어지면 읽기가 수월해지고 많이 읽은 사람이 글을 잘 쓴다. 한데 듣기보다는 읽기가 어렵고, 읽기보다는 쓰기가 백배 어렵다. 아이는 이제 듣기 연습을 충분히 한 끝에 말을 하게 되었고 막 읽기를 배웠다. 하지만 아직 쓰기를 연습해본 적은 없다. 그런데 갑자기 초등학생이 되었다는 이유로 일기를 써야 한다. "왜 일기 하나 제대로 못 쓰냐, 독후감이 이게 뭐냐, 느낀 점이 없냐."고 나무랄 일이 아니다.

먼저 아이가 글을 익히고 쓸 수 있게 되었다면 일상에서 활용할 기회를 많이 만들어줘야 한다. 주말에 나들이 삼아 대형마트나 쇼핑몰에 가는 가족이 많다. 혹은 시장에 가더라도 마찬가지다. 엄마들은 대개 '오늘은 무얼 살까?' 하고 미리 장볼 목록을 적는다. 이때 아이에게 부탁하자. 엄마가 냉장고를 살피며 장볼 품목을 부르면 아이가 적는 거다. 혹은 미리 냉장고에 종이를 붙여두고 아이에게 필요한 거나 먹고 싶은 걸 적는 권한을 맡겨도 된다. 권한을 부여받은 아이는 더 신이 나서 쓰게 된다. 이런 식으로 가족만이 공유하는 재미를 찾을 수도 있다. 비슷하게 일상생활에서도 뭔가 써야 할 일들을 만들 수 있다. 친구들을 생일잔치에 초대할 때도 이왕이면 초대장을 만들어보자. 아이가 초대 문구를 직접 쓰거나 아예 카드를 만들어보아도 좋다.

또 평소에 엄마가 아이에게 부탁할 일이 있거나 집안의 규칙을 만들 때도 말로만 하지 말고 아이가 직접 쓰게끔 해보자. 혹은 엄마가 아이에게 자주 쪽지나 편지를 써주면 글을 쓴다는 것에 대한 아이의 거부감이 훨씬 줄어든다. 집안에 이런 쓰기 문화가 정착되면 아이도 엄마에게 할 말이 있거나 부탁할 때 스스럼없이 편지를

아홉 살 독서 수업

쓴다. 잠시라도 해외여행을 간다면 할머니와 할아버지에게 간단한 우편엽서를 쓸 수도 있다.

글씨 잘 쓰는 것보다 중요한 것

어른이 되어서 일기를 쓰는 사람이 드문 까닭은 여러 가지일 테다. 그중 하나는 일기에 대한 계몽적 태도 때문인 것 같다. 나 역시 일기를 쓸 때는 오늘을 반성하고 내일을 계획해야 한다고 배웠다. 그래서 부모나 교사도 '오늘을 반성하고 내일을 계획'하는 모범에 어긋나는지 아이의 일기를 검열한다. 멋모르고 일기에 아빠가 술 먹고 들어와 소동을 피운 이야기, 엄마가 내게 욕해서 속상했던 사연을 적었다가 곤란했던 경험이 있다. 이후로는 절대 솔직한 일기를 쓰지 않았다. 하지만 《나는 1학년 담임입니다》를 쓴 송주현 선생은 1학년 아이들의 일기 쓰기와 관련해 이런 말을 들려준다. "하고 싶은 말을 솔직하게 터놓아야 진짜 일기다. 세상 어느 아이가 반성과 계획을 통해 성장하나. 아이는 오로지 자신의 내면을 들여다보고 타인과 교류하며 성장한다."

그렇지만 아이가 자기의 감정을 있는 그대로 표현하면 부모는 불편해한다. 한마디로 아이의 일기가 정제되고 반듯한 표현들로만 채워졌으면 하고 바란다. 그런 일기를 뭐 하러 쓰는가. 그저 검사를 받기 위해, 보여주기 위해 쓰는 일기일 뿐이다. 따라서 아이들이 자신이 느낀 대로가 아니라 부모가 요구하는 대로 일기를 쓰기 시작하면 무미건조해진다. 많은 부모들이 일기를 보고 아이에게 하는 말이 있다. "너는 일기에 그렇게 쓸 게 없니? 왜 매일 재미있었다 아니면 재미없었다밖에 없어?" 혹시 아이에게 이런 추궁을 한 적이 있다면 아이가 이미 솔직하게 일기를 써서는 안 된다는 걸 알아차려버린 탓일 수 있다.

학부모들이 일기에서 집착하는 게 또 있다. 어떤 내용이 담겼느냐보다 아이가 그림을 잘 그렸는지, 글씨를 바르게 썼는지를 더 중요하게 여긴다. 만약 아이의 글씨가 삐뚤빼뚤 하다면 내용은 둘째 치고 "글씨가 이게 뭐냐?" 하고 타박부터 한다. 이어서 "이제 초등학생인데 아직도 받침이 틀렸네!"라고 지적하며 다시 쓰라고 한다. 이런 과정이 반복되면 아이는 쓴다는 게 싫어진다. 마치 읽기가 싫어지는 과정과 똑같다.

부모의 잣대로 판단하고 간섭하면 일기는 숙제가 된다. 부모의 기준에서 잘, 그리고 바르게 썼느냐를 보지 말고 무엇을 썼느냐를 살펴야 한다. 굳이 교과과정에서 일기를 쓰게 하는 것은 아이를 괴롭히기 위해서가 아니다. 자신의 감정을 있는 그대로 표현하는 법을 익히기 위해서다. 초등 1~2학년 국어 교과에서 필요한 수준의 글쓰기는 일기를 통해 모두 훈련할 수 있다. 송주현 선생의 글쓰기 지도 방법을 한 대목만 더 인용해야겠다. 송주현 선생은 아이들이 일기로 그림을 그려 오면 이를 문장으로 만들어준다. 이 대목을 읽다가 무릎을 쳤다. 아이들뿐 아니라 성인들에게도 유용한 문장 훈련이기 때문이다. 부모들도 이 방법을 한번 따라해보면 좋겠다.

문장을 만드는 훈련

아이들은 아직 느끼고 생각한 것을 언어로 표현하는 데 서툴다. 그래서 송주현 선생은 그림일기를 쓸 때 있었던 일을 그림으로만 그려 오게 한다. 열 살 미만의 어린이들은 성인과 다른 사고 체계로 그림을 그린다. 긴 줄을 그려놓고 뱀이라고 하거나 뾰족한 모양을 그리고는 공룡이라고 하는 식이다. 그래서 어른들은 그림만 보고는 무슨 이야기를 담았는지를 선뜻 파악할 수 없다. 이때 송주현 선생은 아이에게 뭘 그린 것인지를 묻고 글로 써준다. 아이들은 옆에서 자기가 그린 그림이 어떻게 글로 바뀌는지를 지켜본다. 이 과정에서 아이들은 자신의 생각과 감정이 글로 어떻게 표현되는지를 배울 수 있다.

예를 들어 한 아이가 텔레비전과 리모컨을 그려 왔다. 역시 그림만 보고는 어떤 일이 있었는지 알 수가 없다. 송주현 선생은 우선 아이에게 "뭘 그린 거야?"라고 물었다. 아이의 이야기를 듣고 "텔레비전 봤어요."라는 문장을 쓴다. 이걸로는 부족하다. 그래서 다시 차례대로 "언제?", "어디서?" "누구랑", "왜?" 보았는지를 묻는다. 아이는 귀찮아하면서도 꼬박꼬박 대답을 한다. 아이가 말할 때마다 문장이 길어져 "어제 집에서 나 혼자 텔레비전 봤어요."가 된다. 하지만 아직 일기에 쓸 만큼 인상적인 일은 아니다. 아이의 감정이 담겨 있지 않다. 선생은 다시 "근데 리모컨은 왜 그렸어?"라고 묻는다. 그리고 "어제 집에서 나 혼자 리모컨으로 텔레비전을 켜서 뉴스를 봤어요."라는 문장으로 만든다.

아이는 자기 혼자 리모컨으로 텔레비전을 틀어 무려 뉴스를 본 행동이 자랑스러웠던 것이다. 하지만 이걸 어떻게 문장으로 표현해야 할지는 아직 모른다. 그래서 덩그러니 텔레비전과 리모컨을 그려놓았다. 선생님은 한 문장씩 차근차근 꾸미는 말을 쓰고 두 개의 문장을 이어서 자기가 느낀 걸 쓸 수 있다는 것을 보여주었다. 아이들은 이렇게 자기 마음을 문장으로 표현하는 법을 배운다. 이런 연습을 거치면 아이들의 글쓰기는 금방 는다. 국어는 글씨를 예쁘게 쓰는 것보다 "어제 집에서 심심해서 나 혼자 리모컨으로 텔레비전을 켜서 뉴스를 봤어요."라고 자기 생각을 쓰는 것이 더 중요한 과목이다.

 ## 일기 쓰고 싶은 날

니시카타 타쿠시 글그림, 김소연 옮김, 천개의바람

일기를 좀 다른 식으로 접근해보자. 일기 쓰기가 지겨운 일이 아니라 즐거운 일이라는 생각이 들도록 관점을 바꾸는 것이다. 《일기 쓰고 싶은 날》의 주인공 별이와 달이 그리고 또박이 삼촌은 일기 쓰기를 놀이로 만들었다. 삼촌이랑 박물관에 다녀온 아이들은, 가는 길에 주운 나뭇잎과 수첩에 찍은 기념 스탬프를 집에 소중히 가져와 '나들이 일기'를 만든다. 많은 부모들이 박물관이나 전시회, 유적지 등에 아이를 데리고 간다. 하지만 집에 오면 그걸로 끝이다. 그러지 말고 티켓, 카탈로그, 사진, 스탬프 등 그곳에서 받은 것들을 아이들이 직접 붙여보는 스크랩북을 만들면 어떨까. 여기에 짤막한 이야기를 더하면 그것이 바로 일기다.

그림책 속 삼촌은 아이들에게 꼭 먼 곳에 다녀온 이야기가 아니라 가까운 곳에 다녀온 이야기라도 좋다고 말한다. 가까운 곳에서 우리들은 더 많은 것을 볼 수 있다. 새가 떨어뜨린 깃털이나 바람에 나부끼는 빨래 혹은 고양이의 하품도 있다. 이런 것들을 떠올리고 그려보거나 글을 쓰는 마음, 이것이 일기를 쓰는 마음이다.

일기 감추는 날

황선미 글, 조미자 그림, 이마주

일기를 소재로 한 동화들은 대개 일기 쓰기 싫은 아이들의 마음을 소재로 삼는다. 그만큼 일기란 아이들에게 지겨운 것이다. 《일기 감추는 날》은 이런 상황을 솔직하게 그린 작품이다. 선생님이나 부모는 아이들에게 일기란 솔직하게 자기 마음을 쓰는 것이라고 말한다. 하지만 진짜 솔직하게 써도 될까.

아이들이 쓴 일기는 검사하는 사람이 존재한다. 먼저 부모가, 그리고 선생님이 일기를 읽는다. 그래서 집안일을 솔직하게 쓰면 부모가 질색한다. 주인공 동민이네는 아빠가 회사를 그만둔 후 엄마와 아빠가 자주 싸운다. 하지만 이 일을 일기에 쓸 수는 없다. 친구 수연이는 동민이에게 제출용 일기와 비밀 일기 두 가지를 쓰라고 권한다. 아이들의 일상과 마음을 섬세하게 그려내는 황선미 작가가 이런 아이들의 고민을 동화로 풀어냈다.

일기 쓰기 딱 좋은 날

정신 글, 홍수영 그림, 시공주니어

일기를 안 쓸 궁리에 골몰하는 귀여운 쌍둥이의 이야기를 담은 동화다. 담이와 곰이는 쌍둥이 토끼인데, 어느 날 엄마가 일기장을 가져온다. 그리고 하루를 되돌아보는 것은 좋은 일이라며, 오늘 뭘 하

아홉 살 독서 수업

고 뭘 느꼈는지를 써보자고 한다.

쌍둥이는 빨리 일기를 쓰고 놀고 싶은데, 일기 생각을 하니 마음이 무겁기만 하다. 그래서 일기를 안 쓸 방법을 궁리했다. 아예 쓸 일이 없도록 아무 일도 안 일어나게 하면 될 것 같았다. 쌍둥이는 벌러덩 누워 아무것도 안 하고 아무 생각도 안 하기로 한다. 아무 일도 없었는데 설마 엄마라고 어쩔 것인가. 하지만 쌍둥이의 맘과 다르게 아무것도 안 하는 것은 일기를 쓰는 것보다 더 어렵다. 하루하루는 속상하고, 신나고, 괴롭고, 놀란 일들로 가득하다. 그 이야기를 쓰면 된다고 일러주는 책이다.

 ## 아홉 살 마음 사전

박성우 글, 김효은 그림, 창비

아이가 쓴 일기를 보다가 부모들이 꼭 하는 소리가 있다. "너는 일기에 매일 '맛있다' 아니면 '재밌다'밖에 쓸 줄 모르니?" 아이들의 일기가 뻔하다는 것은 일기에 무엇을 어떻게 써야 할지 모른다는 뜻이다.

일기는 '사건'이 아니라 '감정'에 초점을 맞추면 더 쓰기 쉽다. 날마다 우리에게 특별한 일이 생기는 것은 아니다. 그럼에도 우리는 기쁘고, 슬프고, 속상하다. 초등학교 2~3학년 정도라면 감정을 담은 일기를 쓸 수 있다. 오늘 기분이 어땠는지, 화가 났다거나 외로웠다거나 즐거웠다거나 하는 마음이 들었다면, 왜 그런 마음이 생겨났는지 떠올려보고, 그 이야기를 적으면 된다.

이때 감정 표현이 어렵다면 《아홉 살 마음 사전》을 보며 자신의 느낌을 써보면 좋겠다. 예를 들어 당황스럽다거나 부담스럽다거나 걱정스럽다는 것은 어떤 마음일까. 박성우 작가는 '걱정스럽다'는 마음을 이렇게 말한다. "숙제를 하지 않고 학교에 가는 마음 혹은 아픈 동생이 열이 내려가지 않을 때의 마음".

아홉 살 독서 수업

5

엄마도
동시는 처음이라

초등학교에 가면 국어 시간에 동시를 배운다. 동시를 써보라는 숙제를 받기도 한다. 후배가 이 숙제를 받고 뜨악했는지 전화를 했다. "선배, 동시는 어떻게 쓰는 거야?" 말인즉 자기도 시라는 걸 써본 적이 없는데 초등학교 2학년 아이가 어떻게 시를 쓰냐는 거다. 그렇지 않아도 학부모로 살기 힘든데 동시 쓰기라니, 봇물 터지듯 하소연이 쏟아졌다. 작가 지망생이 아닌 다음에야 평생 시 한 편 써본 사람을 만나기 힘들다. 쓰기는커녕 시 읽는 사람을 만나기도 힘든 세상이다.

희한하게 부모가 자신 없고 하기 싫어하는 것은 아이도 잘 하려

들지 않는다. 하지만 생각해보자, 초등학교 2학년 아이를 시인으로 만들려는 의도가 있을 리 없지 않나. 잘 쓰는 게 중요한 게 아니라 시를 즐길 수 있는 마음을 불어넣어주면 된다.

언어의 리듬을 즐기기

몰라서 그렇지 아이들은 타고난 시인이다. 아이들은 어릴 때부터 언어가 지닌 리듬감을 즐거워한다. 어릴 때 좋아했던 그림책들을 떠올려보면 하나같이 의성어와 의태어 등이 반복되며 특유의 운율을 지니고 있다. 다다 히로시의 《사과가 쿵!》이란 그림책이 있다. 열이면 열 명의 부모들이 아이가 왜 이 책을 좋아하는지 모르겠다고 의아해하는 책이다. 그러거나 말거나 20년이 넘게 사랑받아온 스테디셀러다. 이 그림책의 첫 부분은 이렇게 시작한다. "커다란 커어다란 사과가 … 쿵! 사각 사각 사각 아, 싱싱해."

마이클 로젠이 글을 쓰고 헬렌 옥슨버리가 그림을 그린 《곰 사냥을 떠나자》라는 그림책에서도 이야기가 전개되고 나면 영락없이 후렴구처럼 의성어가 뒤따른다. "텀벙 텀벙! 처벅 철벅! 바스락 부시럭! 휭 휘잉!"

언어는 리듬과 운율을 지닌다. 그래서 자세히 살피면 언어 능력이 발달한 사람들은 리듬감이 좋다. 아이들이 언어를 배우며 느끼

아홉 살 독서 수업

는 즐거움 가운데 하나가 바로 음악성이다. 그래서 교과에서도 '시와 노래의 일부를 바꿔 쓰기' 같은 방식으로 동시에 접근한다. 시는 어렵다는 선입관이 없는 아이들은 동시가 지닌 가락을 본능적으로 따라하고 재미있어 한다. 시냇물에 돌멩이를 던지면 퐁퐁퐁 튀듯, 개구리가 개골개골 울듯, 화난 엄마가 쩌렁쩌렁 소리치듯 강약과 고저, 리듬을 즐기기 시작하면 의외로 아이들에게 동시는 즐거운 놀이가 된다. 부모와 다르게 아직 긴 글을 읽거나 이해하기 힘들어하는 저학년 아이들은 오히려 동시를 즐거워한다. 동시가 지닌 음악성이 즐겁기 때문이다. 아이들에게 동시는 노래와도 같다.

초등학교 1~2학년 국어 교과에서도 역시 말의 재미를 강조한다. 말놀이로 흥미를 돋우고, 말 잇기 놀이를 하거나, 반복되는 말이 주는 느낌을 살핀다. 물론 아이들도 편지나 일기 같은 글쓰기에 비해 낯선 동시 쓰기를 어려워할 수 있다. 그래서 처음부터 동시 쓰기로 접근하기보다는 동시나 노래의 구절이나 낱말을 바꾸는 연습을 통해 다가가는 것이 좋다.

시를 즐기는 첫 번째 마음

동시 감상에서 중요한 것은 시 속에 등장하는 인물의 마음을 느끼는 것이다. 동시 감상은 더불어 느끼기, 즉 공감 연습이며 공감력을 키울 수 있다는 것은 문학의 가장 큰 덕목이다. 시는 특정한 순간을 압축적으로 그려낸다. 누군가에게 일어난 어떤 일이 마치 영원처럼 각인된 순간을 재빠르게 담아내면 한 편의 동시가 된다. 그러니 누군가 보고 겪고 느꼈을 그 순간의 마음에 공감할 수 있다면 시를 즐길 줄 아는 사람이 된다. 부모라면 학창 시절 현대시의 난해함에 쩔쩔맨 경험 때문에 선입관이 있을 수 있지만 동시는 다르다. 천진함과 정직함을 기반으로 한 단순함이 마치 박하사탕을 깨문 듯한, 언덕에 서서 시원한 바람을 맞이하는 듯한 청량감을 안겨준다.

아이들에게 동시를 읽어줄 때는 먼저 교사나 부모가 동시 속에 담긴 인물의 마음을 헤아리며 읽어야 한다. 같은 시라도 무미건조하게 읽을 때와 시 속 인물의 마음이 되어 읽을 때가 얼마나 다른지는 읽어보면 안다. 먼저 동시의 제목과 시인의 이름을 읽는다. 제목만 말하고 어떤 내용이 펼쳐질지를 아이에게 물어봐도 좋다. 반대로 제목을 말하지 않고 시를 다 읽고 난 후 제목을 맞혀보는 놀이를 해도 좋다. 그리고 동시가 지닌 리듬과 운율을 타며 읽는다. "삐악삐악, 개골개골, 쩌렁쩌렁" 읽는다. 한 편의 시를 다 읽고 나면, 두 번째는 아이가 큰 소리로 읽어보게 한다. 시를 읽은 후에는 시 속의 상황이나 잘 모르는 낱말 등을 보충 설명해주면 좋다.

아이가 처음 동시를 접할 때는 또래 아이들이 쓴 동시를 먼저 읽어주는 것도 방법이다. 제 또래 아이가 일상에서 겪은, 대수롭지 않

아홉 살 독서 수업

은 일을 쓴 걸 읽어주면 아이들은 '동시가 별거 아니구나.' 하고 안심한다. 동시를 쓴 아이가 겪은 일 정도는 모든 아이에게 흔하게 벌어지니까. 공감하면 금방 읽은 시를 흉내 내어 쓸 수 있다. 이 방법을 활용하면 아이들이 동시 쓰기를 쉽게 익힐 수 있다.

뭐니 뭐니 해도 가장 좋은 방법은 평소에 동시집을 읽고 즐기는 것이다. 《어린이책 읽는 법》을 쓴 김소영은 동시집을 읽는 아이들에게 포스트잇 다섯 장을 나눠준다. 마음에 드는 시에, 혹은 별로라고 생각되는 시에 그 포스트잇을 붙여보라고 한다. 이 방법을 따라 해보자. 두 가지 색깔의 포스트잇을 준비하고 엄마가 고른 시와 아이가 고른 시를 비교해볼 수도 있다. 이렇게 아이가 고른 동시를 따로 노트에 적어볼 수도 있다. 그러면 아이가 좋아하는 동시가 가득한 나만의 동시집이 탄생한다. 동시를 베껴 적고 나서 감상을 적을 수도 있고, 엄마 역시 느낌을 적을 수도 있다.

요즘 글쓰기와 깊은 독서를 위한 방법론으로 많이 추천되는 방법으로 필사가 있다. 작가의 문체와 의도를 가장 정확하게 파악할 수 있다며 성인들이 많이 하는 필사가 바로 이것이다. 작가가 될 것도 아닌데 어린이들이 책 한 권을 필사까지 하며 고생스럽게 읽어야 할 필요는 없다고 생각한다. 하지만 시는 짧으니 한 편 정도 따라 쓰는 것은 어렵지 않다. 이런 방식으로 아이들마다 자기만의 동시집을 만들게 하는 '한 학기 한 권 읽기'도 있다.

 딱지 따먹기

초등학교 아이들 글, 백창우 곡, 강우근 그림, 보리

또래의 아이들이 쓴 동시는 아이들이 공감하기도 쉽고, 무엇보다 만만하다. 《딱지 따먹기》는 아이들이 쓴 시를 모은 책인데 가수 백창우가 곡을 붙여 노래로 만들었다. 그저 읽는 데서 그치는 게 아니라 노래를 따라 부르는 재미가 있다. 무엇보다 읽자마자 깔깔대고 웃을 수밖에 없는 재미난 동시들이 담겨 있다.

"딱지 따먹기 할 때/딴 아이가 내 것을 치려고 할 때/가슴이 조마조마한다/딱지가 홀딱 넘어갈 때/나는 내가 넘어가는 것 같다."

〈딱지 따먹기〉의 첫 구절이다. 딱지치기를 하는 조마조마한 아이 마음이 훅 하고 느껴진다. 〈해바라기〉라는 동시도 꼭 읽어볼 것. 화장실에서 오줌을 누는 아이의 모습이 눈앞에 그림처럼 그려진다.

 쉬는 시간 언제 오냐

전국초등학교국어교과모임 편집, 박세연 그림, 휴먼어린이

《쉬는 시간 언제 오냐》는 아이들이 쓴 동시를 뽑아 엮은 모음집이다. 아이들이 쓴 동시에 노는 이야기만 있는 것은 아니다. 학교, 가

족, 자연 등 아이들이 보고 겪고 느낀 솔직한 이야기가 담긴다. 늘 혼자 집을 지켜야 하는 아이가 쓴 〈언제나 외롭다〉라는 동시의 마지막 행은 이렇다. "그 잘난 돈이 우리 가족을 떨어져 놓게 한다." 아이들도 어른과 똑같이 느끼고 생각한다. 삶을 담은 진실한 글이라면 기쁘거나 슬프거나 사람의 마음을 움직이기 마련이다.

아니, 방귀 뽕나무

김은영 글, 정성화 그림, 사계절

한 동시인이 '아이들 자체가 바로 움직이는 동시'라고 말한 적이 있다. 초등학교 교사인 김은영 시인은 아이들 곁에 바짝 붙어 있다. 그래서인지 제목부터 흥미롭다. 《아니, 방귀 뽕나무》라니!
대개 열매의 이름이 나무의 이름이 되는데, 그렇다면 뽕나무의 열매는 뽕인가? 아니, 아니, 오디다. 이 사연이 동시가 되었다. 시집에는 유독 방귀, 오줌, 똥 같은 이야기가 많다. 〈변비〉라는 시에는 방귀를 뀌고 싶은데 참다가 때마침 기차가 지나가자 "바로 지금이다/ 푹-푹-푸욱!/작고 길게 나누어 터트렸다.//휴! 살 것 같다."는 구절이 나온다. 기차 소리에 맞추어 방귀를 뀌고 나서 아이는 얼마나 시원했을까. 충분히 짐작할 수 있다. 이렇게 공감하는 마음이 시를 즐기는 첫 번째 마음이다.

어이없는 놈

김개미 글, 오정택 그림, 문학동네어린이

어린이들은 김개미 시인의 동시를 좋아한다. 이름도 개미가 뭔가.
호기심을 느낄 법한 이름이다(개미는 시인의 필명이다. 어릴 적 친
구들이 붙여준 별명인데, 쉽고 재밌어서 김개미로 살기로 했단다).
동시 〈어이없는 놈〉은 이웃에 사는 다섯 살짜리 동생의 이야기다.
초등학생인 내가 다섯 살짜리 동생에게 귀엽다고 하니 오히려 자
기는 멋지다고 하고, 키가 많이 컸다고 하니 원래부터 컸다고 하며
계속 한술 더 뜬다. '기가 막힌 어이없는 놈'이 아닐 수 없다. 초등학
생이 유치원생들에게 "어릴 때 많이 놀아, 나처럼 나이 들면 못 놀
아."라며 심각하게 충고하는 모습을 본 적은 있지만 이처럼 형을 만
만하게 보는 어이없는 놈은 또 처음이다. 아이들은 이런 시를 읽으
면 자기 경험을 떠올리고 함께 흥분한다. 동시로 한계 지을 수 없
을 만큼 감각적인 김개미 시인의 시를 읽으면 부모들도 동시 한 편
써보고 싶어질지 모른다.

보리 나가신다

송명원 글, 홍그림 그림, 열린어린이

산골 마을 학교에서 아이들을 가르치는 송명원 시인의 동시집이
다. 도시가 아니라 산골 마을이기 때문에 느끼고 볼 수 있는 이야

기들이 풍성하다. 특히 도시의 삶에 주눅 들지 않는 당당한 아이들의 모습이 그려져 있어 보기 좋다. 글자로 쓰인 동시가 하나의 이미지로 보이기도 하는 〈핸드타월〉이나 〈청량사 가는 길〉 같은 동시를 읽고 보는 맛도 각별하다.

 ## 내 맘처럼

최종득 글, 지연준 그림, 열린어린이

거제의 작은 초등학교에서 아이들을 가르치는 최종득 시인의 동시집이다. "아이들이 직접 말하기 힘든 이야기를 아이들 대신해서 시로 썼다."는 시인의 말처럼 바닷가 마을에 사는 아이들의 따뜻하고, 부끄럽고, 아프고, 고마운 사연이 담겨 있다. 친구가 준 빼빼로를 선생님께 준 아이의 마음, 칭칭 엉킨 강낭콩 줄기처럼 친구랑 친해지고 싶은 마음, 가기 싫은 학원에 가는 마음, 돌아가신 할머니가 보고 싶은 아버지의 마음 등 아이들 사이에서 일어나는 이야기뿐 아니라 가족과 생명 사이의 소통과 정을 노래한다. 국어 교과서에도 수록되어 있다.

훌륭한 사람 이야기를
읽으면 훌륭해질까?

어릴 때 읽은 책 중에 지금도 너무 생생한 책이 있다. 개나리색 표지의 계몽사 위인전집이다. 내가 처음으로 소유한 책이었다. '소년소녀 한국전기전집'과 '세계위인전집'으로 구성된 총 30권이나 되는 책이다. 한데 어른이 된 지금 가끔 이런 생각이 든다. 전집을 판매하는 아저씨의 카탈로그에는 분명 '소년소녀 세계문학전집'도 있었을 텐데, 왜 엄마는 하필 위인전만을 사주었을까. 그때의 결핍 덕분에 나는 아이를 낳아 기르면서 동화를 읽는 어른이 되었다.

아마 한국의 평범한 부모들이 대개 그랬듯 자녀가 위인전을 읽고 열심히 공부해서 훌륭한 사람이 되기를 바랐던 게 아닐까. 하지만 이 마음이 한 세대 전 부모의 이야기이기만 할까. 지금도 아이들에게 위인 이야기를 읽히는 부모의 마음에는 이렇듯 상승 욕구가 숨어 있다.

인물 이야기를 읽히려는 부모의 마음

이제는 위인전이란 말 대신 인물 이야기라고 부르지만 뭐라 부르든 궁극적인 속마음은 다르지 않아 보인다. 그래서 인물 이야기는 부모가 구매하는 아이의 필독서 가운데 하나다. 대개 아이들이 6~7세가 될 무렵이면 전집으로 된 인물 이야기를 구매한다. 일종의 입학 준비다.

내 경우에는 초등학교 4~5학년 무렵 부모님이 위인전을 전집으로 사주었다. 친구 집에 있던 고전과 명작 전집을 보고 부러워하며 사달라고 졸랐던 게 기억난다. 한데 엄마는 위인전을 사주었다. 어쨌거나 위인전을 읽고 난 후 달라진 점이 있었다. 흥선대원군이나 장희빈 등 역사적 인물을 소재로 한 텔레비전 사극이 재미있어진 것이다. 나아가 역사에 대한 흥미가 생겼고 고등학교를 졸업할 때까지 한국사를 좋아했다.

'공부 열심히 해서 위인들처럼 훌륭한 사람이 되어야 한다.'는 우리 엄마의 의도는 충족시키지 못했지만, 위인전을 읽으며 역사에 대한 배경지식이 풍부해졌다. 성인들을 위한 인물 이야기는 평전이라 불린다. 평전 읽기의 묘미는 한 개인의 삶을 통해 시대와 역사를 만나는 것이다. 인물의 삶을 따라가다 보면 그 시대의 전모를 만날 수 있기에 평전은 책벌레들에게 궁극의 읽기로 통한다. 초보적이지만 나도 위인전에서 비슷한 재미를 느꼈던 게 아닌가 싶다.

어떤 인물 이야기든 그 인물이 살았던 시대와 동떨어진 이야기는 있을 수 없다. 그런데 부모들은 이 점을 간과하는 듯싶다. 예컨대 요새 유행하는 인물 만화 시리즈에 '피터 드러커' 같은 사람이 포함되어 있어 깜짝 놀랐다. 피터 드러커가 누구인가. 현대 경영학의 아버지로 불리는 사람이다. 수많은 책을 썼고 대학에서 강의를 했으며 제너럴모터스, 제너럴일렉트릭 등 세계적 기업의 컨설팅을 담당했다. 오스트리아 출생인 그는 제1, 2차 세계대전을 겪었고 후에 미국으로 건너갔다. 그러자니 피터 드러커의 삶을 이야기하려면 제1차 세계대전이 일어난 이유, 경제학에 비해 푸대접받던 경영학에 몰두한 이유, 피터 드러커가 강조한 지식 근로자의 의미 등을 설명해야 한다. 아무리 만화라는 형식에 얹었다고 해도 피터 드러커의 이야기를 읽으려면 역사와 경제를 배우는 초등 5~6학년은 되어야 할 것이다.

그래서 인물 이야기를 읽는 적정 시기는 초등학교 고학년일 수밖에 없다. 한 인물이 살던 시대를 이해하고, 어려움과 고난 앞에서 소망을 포기하지 않는 마음을 되새기고, 해당 분야에 대한 전문적인 지식을 이해해야 하기 때문이다. 아이들이 12~13세 무렵이 되면 저학년 때와는 달라진다. 나는 누구인지를 생각하고, 사람들에게 어떤 모습으로 보이고 싶은지에 관심을 갖는다. 다시 말해 미래를 고민하고, 진로에 대해 생각하기 시작한다. 이때 인물 이야기를 읽으면 자신이 관심 있는 길을 앞서 걸었던 사람들의 발자취를 따라 걷는 효과가 있다. 물론 아이들이 유독 좋아하는 주제나 관심사가 있다면 관련 인물 이야기를 어렸을 때 읽는 것도 바람직하다. 하지만 일고여덟 살 아이가 인물 이야기를 읽고 감동받아 의사나 경영자가 되겠다고 마음먹기는 어렵다. 그런 마음을 품으려면 아이가 좀 더 성장해야 한다.

좋아하는 일을 찾아가는 과정

현행 교육과정은 초등학교 때부터 진로와 직업 교육을 중시한다. 중학교에서는 자유학기제도가 시행되고 있다. 일찍부터 진로 적성을 찾는 것이 필요하고 중요한 일이라는 사회 분위기도 형성되어 있다. 이런 이유로 학습만화 형식의 인물 이야기 혹은 논픽션 형식의 인물 이야기 등을 시중에서 어렵지 않게 찾아볼 수 있다.

그러나 직업의 미래는 지금 부모 세대의 생각 이상으로 예측하기 어렵다. 한 세대 전만 해도 평생을 한 직장에서 일했고 자신이 하는 일에 있어서는 장인과 다름없었다. 하지만 지금의 2~30대들에게 삶의 이정표는 단 하나가 아니다. 지금은 한 가지 목표 혹은 하나의 직업에서 성공하기 위해 힘든 줄도 모르고 정진하는 그런 시대가 아니다.

게다가 코앞으로 닥친 4차 산업혁명으로 안정적인 직업의 조건이 바뀔 테다. 아무도 지금의 직업이 미래에도 존재할 거라고 단언할 수 없다. 그러니 지금 부모가 생각하는 좋은 직업이 아이가 성인이 되었을 때도 좋은 직업일지는 알 수 없다. 일과 직업에 대한 부모와 자식 세대의 생각이 근본적으로 달라지고 있는 것이다. 더구나 자녀 세대는 평생 한 가지 직업만 가질 수도 없다. 이런 점에서 시중에 나와 있는 인물 이야기를 직업 선택이 아니라 아이가 무얼 좋아하고 어떤 일을 하고 싶은지를 찾아가는 과정에 도움을 주는 정도의 책으로 생각하면 좋겠다.

아홉 살 독서 수업

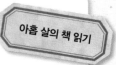

 ## '일과 사람' 시리즈

이혜란 외 글, 최미란 외 그림, 사계절

사계절의 '일과 사람' 시리즈는 저학년들이 맨 처음 읽으면 좋을 세상과 일에 대한 책이다. 꿈이 뭐냐고 할 때 대통령이 되겠다고 말하던 시절이 있었다. 요즈음은 직업에 대한 인식이 좀 더 현실적이 되었다고 할까. 옛날처럼 선생님, 의사, 변호사, 판사, 과학자만 있다고 생각하지는 않는다. 아이들이 이웃에서 만나는 어른들이 모두 직업인이고 자기 분야에서 맡은 일을 열심히 하는 사람들이다.

이 시리즈에서는 중국집 요리사를 첫 권으로 소방관, 패션 디자이너, 목장 농부, 선생님, 경찰, 기자, 만화가에 이르기까지 아이들이 실제로 이웃에서 만날 수 있는 다양한 직업을 소개하고 있다. 우리 마을에 어떤 직업이 있는지를 알게 되는 것을 넘어 고장의 일에 대해서까지 알아갈 수 있다. 아이들이 관심 있는 주제부터 골라 읽으면 좋겠다.

세상을 뒤흔든 31인의 바보들

장 베르나르 푸이 외 글, 세르주 블로크 그림, 윤미연 옮김, 녹색지팡이

지금은 교과서에 실릴 만큼 훌륭한 사람이지만 어린 시절 문제아였고 낙제생이었던 사람들의 이야기를 담은 책이다. 한 인물에 대한 이야기가 4쪽 분량으로 짧게 서술되어 있어 긴 호흡이 부담스러운 저학년이 읽기에 적당하다. 《나는 기다립니다》 등으로 널리 알려진 세르주 블로크의 그림도 볼거리다.

한 사람의 일생을 길게 보면 처음부터 위인으로 태어난 사람은 없다. 오히려 교과서에 수록된 인물은 대개 고정관념을 깨고 새로움을 보여준 이들이고 시대와 불화한 골칫거리들이었을 확률이 높다. 누구나 처음부터 성공한 것은 아니며, 자신의 길을 찾기 위해 애쓴 과정을 들려주는 책이다. 이름을 알린 인물들의 어린 시절에 초점을 맞춘 것도 장점이다.

피어나다

쿄 매클리어 글, 줄리 모스태드 그림, 윤정숙 옮김, 봄의정원

독창적인 패션 디자이너 엘사 스키아파렐리의 이야기를 담았다. 같은 시대에 활동했던 코코 샤넬에 비해 덜 알려졌지만 엘사는 대담하고 독창적인 아이디어로 이름이 높았다. 즐겨 사용했던 쇼킹 핑크는 물론이고, 직물의 패턴으로 리본을 짜 넣는 트롱프뢰유, 살

바도르 달리와 장 콕토 같은 초현실주의 예술가의 그림을 가져와 만든 옷 등 개성 있는 의상 디자인을 선보였다. 하지만 어릴 때는 못난이로 불렸고 바느질도 잘 못했다. 이런 엘사가 창의적이고 도발적인 디자인을 선보일 수 있었던 이유를 만나보자. 또 아이들이 엘사의 파격적 디자인을 흉내 내어 만들고 싶은 옷을 그려보게 하고 이야기를 나눠보자.

진실을 보는 눈

바브 로젠스톡 글, 제라드 뒤부아 그림, 김배경 옮김, 책속물고기

아마 부모들에게는 도로시아 랭이라는 이름이 익숙하지 않을 것이다. 하지만 그녀의 사진은 매우 유명하다. 1930년대 미국 대공황 시절 집이 없어서 천막에 머물던 근심 어린 엄마와 아이들의 사진을 찍은 사진작가다. 목화를 따는 일꾼, 급식소에서 먹을 것을 기다리는 사람들, 인종차별을 받는 아이 등 도로시아 랭이 찍은 사진은 당시 잡지와 신문에 실려 커다란 반향을 불러왔다. 한 장의 사진이 가난한 이들에게 일자리를, 배고픈 아이들에게 먹을 것과 집을 주는 정책을 세우는 데 결정적인 영향을 미쳤다.

도로시아 랭은 소아마비 때문에 다리가 불편해 늘 보이지 않는 사람처럼 지냈다. 이런 경험 덕분에 자신처럼 보이지 않는 사람들의 얼굴에 주목할 수 있었다고 한다. 이 책을 통해서는 어떤 일에 관심을 쏟게 된 이유와 계기를 주목해보면 좋겠다.

선생님, 바보 의사 선생님

이상희 글, 김명길 그림, 웅진주니어

의사는 부모들이 대개 선호하는 직업이다. 안정적인 전문직이기 때문이다. 하지만 어떤 일을 직업으로 삼으려고 할 때 스스로에게 되물어야 하는 것들이 있다. 정말 자신이 좋아하는 일인가, 그 직업을 통해 세상을 이롭게 할 수 있는가 같은 질문들이다. 즐겁게 일을 하려면 반드시 필요한 질문이다.

장기려 박사의 이야기를 담은 《선생님, 바보 의사 선생님》은 직업이란 무엇인가를 다시금 생각하게 하는 책이다. 무릎이 안 좋은 기오가 장기려 선생님을 만나, 자신도 선생님처럼 가난하고 약한 사람들을 돕는 의사가 되기로 결심하고 그 길을 따라가는 이야기다. 가난하고 병든 사람들을 위해 의술을 베푼 장기려 박사가 평생 쉼없이 그 일을 할 수 있었던 원동력은 무엇일까. 이웃을 자신의 가족처럼 여기는 마음 그리고 자신의 일이 많은 사람들에게 도움을 준다는 보람이다. 자신이 하고자 하는 일이 어떤 보람을 가져올지에 관해 이야기해보면 좋을 책이다.

루이 브라이

마가렛 데이비슨 글, 자넷 컴페어 그림, 이양숙 옮김, 다산기획

초등학교 교과서에도 나오는 '루이 브라이'는 눈먼 이들을 위해 처

음으로 점자를 만든 프랑스인이다. 루이는 다섯 살 때 송곳에 찔려 시력을 잃었지만 읽고 배우기를 포기하지 않았다. 하지만 눈먼 사람들이 책을 읽는 것은 불편하기 짝이 없었다. 불편을 당연하다고 여기는 대신 루이는 눈먼 사람들이 읽고 쓸 수 있는 글자를 만들기로 결심한다.

그렇지만 점자가 받아들여지기까지 루이 브라이가 겪어야 했던 차별과 편견 그리고 고통은 상상을 초월한다. 그렇게까지 힘들게 점자를 만들었어야 할까 싶을 정도다. 아이들이 인물 이야기를 통해 적성과 직업의 세계를 접해야 하는 이유가 여기에 있다. 누구나 어떤 직업을 생각할 때 성공만 본다. 하지만 성취를 이루어내기까지 포기하지 않는 인내가 절실하다. 직업을 선택하는 데는 재능과 자질이 물론 중요하다. 하지만 그보다 더 중요하게 여겨야 하는 것이 무엇일지 생각해보기 좋은 책이다.

4부

어린이책으로
들여다보는
아이의 속마음

1
감정을 잘 표현하지
못해요

어린이책은 어린이가 읽는 책이지만 어린이의 마음을 만나고 싶은 사람이라면 누구라도 읽어도 좋다. 개인적으로 어린이책을 좋아해서 오랫동안 읽어왔다. 어렸을 때는 오히려 동화다운 동화를 읽은 기억이 별로 없는데 어른이 되어 동화를 읽고 재미를 느낀 것이다. 처음에는 그저 문학으로서 동화가 재미있고 감동적이었다. 시간이 흘러 자꾸 나이가 드는데도 여전히 어린이책에 빠져 있다 보니, 다 큰 어른이 이토록 오랫동안 어린이책을 읽는 이유가 스스로 궁금해졌다. 이 생각을 화두로 천천히 오래 스스로에게 연유를 물었다. 땅속에서 고구마를 캐듯 여러 까닭이 딸려 나왔다. 그중 하나는 어린이책 속에서 만나는 아이들 때문이었다.

내면의 어린아이를 만나는 시간

어린이책의 주인공은 어린이다. 간혹 할아버지나 할머니 혹은 이 웃집 어른들이 주인공이 될 때도 있지만 대개는 어린이가 중심인 물이다. 아이들은 저마다 사연을 지니고 있다. 어떤 아이는 선생님이 자신을 미워하는 것 같아 노심초사하며 눈치를 보느라 바쁘다. 어떤 아이는 엄마와 아빠가 이혼한 후 엄마와 함께 사는데 아빠가 보고 싶다. 하지만 엄마가 걱정할까 봐 그 마음을 꾹꾹 누르며 산다. 또 어떤 아이들은 도서관에 가는 게 세상에서 제일 싫다. 눈을 부라리고 조용히 하라며 겁을 주는 사서 선생님이 괴물처럼 버티고 있기 때문이다. 또 어떤 아이는 엄마가 일을 하러 가서 낮에 혼자 있어야 해서 외롭다. 그래서 엄마 지갑에서 돈을 훔쳐 떡볶이며 장난감을 사주며 친구들을 곁에 붙잡아두려고 안간힘을 쓴다. 이처럼 다양한 기쁨과 슬픔과 고민과 상처를 지닌 아이들이 어린이책 속에 있었다.

어린이책을 읽는다는 것은 이 아이들의 사연에 귀 기울이고 함께 기뻐하고 슬퍼하는 일이었다. 경이롭게도 어린이책 속의 아이들을 진정으로 만나자 현실의 아이들도 이해할 수 있게 되었다.

　　　　　　　　　　　　아홉 살 독서 수업

자기가 낳아 기른 자식이라도 그 마음을 알 수 없는 때가 온다. 무얼 두려워하는지, 정말로 원하는 게 뭔지, 왜 친구를 사귀기가 그토록 힘든지, 이렇게 최선을 다했는데도 부모에게 뭐가 불만인지 도통 이해할 수 없는 때가 찾아온다. 놀랍게도 어린이책은 이런 마음이 어떤 것인지를 조곤조곤 들려주었다. 왜 부모에게는 말을 하고 싶지 않은지, 왜 거짓말을 할 수밖에 없었는지를 동화 속 아이들이 대신 이야기해주었다. 어린이책에는 늘 지금 내 아이와 비슷한 고민을 하는 아이들이 나오곤 했다. 이런 이야기를 가슴으로 읽고 나면 아이를 조금은 이해할 수 있었다.

더 신기한 일도 생겨났다. 어린이책을 읽다 보니 그 누구의 어린 시절도 아닌 나의 유년기가 떠올랐다. 하루하루를 허둥거리며 사느라 어릴 적 추억 같은 건 잊은 지 오래였다. 나 역시 한 번도 어린이였던 적이 없었던 것처럼 아이에게 굴었다. 동화를 읽다 보니 사라졌다고 생각했던 그 시절이 조금씩 떠올랐다. 때로 동화를 읽다가 어린 시절의 내 모습을 꼭 닮은 아이라도 만나면 참을 수 없이 감정이 폭발하기도 했다. 어린이책을 읽는다는 것은 아직 성숙하지 못한 내면을 정면으로 맞닥뜨리는 일이기도 했다.

내 어린 시절을 떠올려보니 아이에 대한 답답함과 조바심이 조금은 줄어들었다. 지금의 아이 나이였던 때를 되돌아보니 나는 더 철이 없었고 제멋대로 굴었고 터무니없는 실수를 하기도 했다. 나에 비하면 아이는 양반이다 싶었다. 아이들은 모두 이런 과정을 거치며 자라는 거였다. 아마 어린이책을 읽지 않았다면 나는 더 형편 없는 부모였을 게 분명했다.

그래서 기회가 될 때마다 아이를 키우는 부모들에게 권한다. 지금 내 아이가 읽으면 좋을 책을 함께 읽어보라고 말이다. 부모가 어린이책을 읽는 것보다야 아이를 논술학원에 보내는 게 훨씬 쉽다. 그래서인지 귀담아듣는 사람이 많지는 않다. 하지만 어렵게 생각할 게 없다. 이 책에서 강조한 바를 실천하는 것, 즉 아이들이 독서 독립을 이루기까지 꾸준히 책을 읽어주는 것이 바로 어린이책 함께 읽기다. 아이들에게 책을 읽어줄 때 유달리 반응이 좋거나 여러 번 읽어달라고 하는 책이 있다면 다시 한번 눈여겨 살펴보자. 거기에 아이의 마음이 담겨 있다.

아이가 기분을 말로 표현하지 못한다면

어린아이들은 누가 자신을 위해주는지, 심지어 가족관계에서 누가 권력 우위에 있는지를 직감적으로 안다. 그리고 그 사람과 좋은 관계를 맺으려고 노력한다. 아이들이 일부러 그런다기보다는 본능에 충실한 존재이기 때문이다. 아이들은 아직 약하고 어려 스스로를 지킬 힘이 없다. 자신을 지켜주고 보살펴줄 누군가가 필요하다. 그러니 자신에게 잘해주는 사람 혹은 집단에서 힘이 센 사람을 재

아홉 살 독서 수업

빨리 파악하고 의존하려는 본능이 어른에 비해 훨씬 강한 것이다.

비슷한 이유로 아이들의 마음에서 어중간은 없다. 좋은데 싫다거나, 하고 싶은데 하기 싫다거나 하는 건 없다. 좋은지 싫은지가 분명하다. 그래야 헷갈리지 않는다. 자신에게 이로운 사람과 위협적인 사람을 분명하게 나눈다. 어중간하게 판단하지 않는다. 상대에 대한 감정을 확실히 해야 혹시 모를 위험에 대처할 수 있다. 감정은 본능이어서 싫고, 짜증나고, 무섭고, 아프고, 두렵고, 화가 나는 모든 감정은 이성에 앞선다.

아이들의 감정은 어른보다 훨씬 더 본능적이고 즉각적이지만 어른에 비해 아직 언어 능력이 발달하지 않았다. 그래서 아이들의 감정 표현은 거칠다. 자신이 느낀 감정의 결을 세밀하게 말할 줄 모른다. 아이들의 언어는 아직 좋다, 나쁘다 정도를 표현하는 수준으로 단순하고 직선적이다. 때로 말이 서툰 아이들은 감정을 몸으로 표현하기도 한다. 내 막냇동생은 어릴 때 화가 나면 이마에 빨간 반점이 돋았다. 이웃에도 화가 났다는 걸 보여주려고 방바닥에 이마를 찧는 녀석이 있었다. 자기 마음대로 하지 못하거나 원하는 게 있을 때 자꾸 삐치는 아이도 있다. 모두 몸으로 먼저 감정을 보여주는 것이다.

초등학교 2학년 국어 시간에는 마음을 나타내는 말을 사용해 감정을 표현하는 단원이 있다. 행복하다, 슬프다, 부끄럽다 같은 마음을 인물의 표정을 보고 말해보거나 어떤 상황에서 쓸 수 있는지를 배우는 시간이다. 아이들이 자신이 느끼는 감정을 보다 잘 이해하고 표현하려면 연습이 필요하다. 자신의 감정이라도 느끼고 표현하는 법은 배워야 한다. 정규 교과 시간에 마음을 표현하는 연습을 하듯, 아이들 곁에 있는 어른이 모범을 보여주면 감정 표현이 풍부해진다.

어떤 감정이 일어났지만 말로 표현할 수 없을 때, 옆에 있는 부모나 교사가 대신 그 감정을 표현해주면 좋다. 만약 친구가 새 장난감을 가지고 와서 실컷 자랑만 하고 가버렸다고 하자. 아이의 표정이 밝을 리 없다. 곁에서 마음을 읽은 부모가 "친구가 좋은 장난감을 자랑하니까 샘이 나는구나." 하는 식으로 아이의 감정을 구체적으로 짚어줄 필요가 있다. 이 과정에서 아이는 자기 마음에 일어나는 이 술렁임을 '샘이 난다'라고 말할 수 있다는 걸 알게 된다.

만약 감정을 알아가고 표현하는 훈련을 하지 않는다면 어떻게 될까. 멀리 갈 것도 없다. 자신의 감정을 솔직하고 구체적으로 말하지 못하는 어른들이 주위에는 너무나 많다. 어떤 감정이 찾아왔을 때 "뭐가 뭔지 모르겠어, 그냥 기분이 나빠."처럼 뭉뚱그려 답한다. 자신의 내면에서 일어나는 감정을 들여다본 적이 없기 때문이다. 자신의 감정을 느껴야 타인의 감정도 이해할 수 있다. 감정은 소통의 기본이자 자기 이해의 시작이다. 감정 표현이 서툰 사람일수록 자신과 정직하게 만나본 적이 없고 자신이 누구인지 모를 가능성이 높다.

아홉 살 독서 수업

물론 언제까지나 아이들의 감정이 단순한 수준에 머무는 것은 아니다. 서서히 발달해서 청소년기가 되면 감정이 세분화한다. 성숙한다는 것은 그러므로 다양한 감정을 느끼고 표현할 수 있게 된다는 뜻이기도 하다. 아이들 곁에서 부모가 감정을 알아차리고 표현해주는 것 말고도 좋은 방법이 하나 더 있다. 바로 그림책과 동화 읽기다. 문학을 읽는다는 것은 인간의 내면에 숨어 있는 풍부한 감정을 느끼고 겪어내는 일이다.

화난 책

세드릭 라마디에 글, 뱅상 부르고 그림, 조연진 옮김, 길벗어린이

《화난 책》은 흥미로운 구성의 책이다. 책이 화가 나서 얼굴이 빨갛게 달아올라 있다. 동생이 장난감을 망가뜨렸을 수도, 게임에서 졌을 수도, 엄마가 사달라는 걸 안 사줬을 수도 있다. 화가 난 이유야 여러 가지일 수 있지만 반응은 비슷하다. 화가 났을 때는 엄마나 다른 사람의 말이 잘 안 들린다. 오로지 화난 감정이 나를 뒤덮는다. 이럴 때는 어떻게 해야 좋을까.

부모와 아이가 함께 책을 보며 화난 책과 이를 달래는 생쥐의 행동을 짐짓 연극처럼 따라해봐도 좋다. 아이들은 직접 경험한 것에서 배우는 법이다. 책이 화를 내자 생쥐는 좀 떨어져서 잠시 기다린다. 책의 화가 가라앉도록 열까지 센다. 그러고는 일부러 책에게 농담을 건네본다. 기분이 좀 풀어졌다 싶을 때에야 비로소 왜 기분이 나빴는지를 물어본다.

4~5세 무렵 아이들부터 무척 좋아하는 책이다. 아이들은 책을 보며 두 가지 역할을 모두 해볼 수 있다. 스스로 화난 책이 되어보기도 하고, 화난 책을 달래는 생쥐 역할도 해볼 수 있다. 이렇게 책을 통해 대신 감정을 겪어내는 놀이를 하며 아이들은 감정을 다스리는 법을 익힐 수 있다. 이 책에서 아이들이 가장 좋아하는 장면은

화난 책의 활짝 웃는 얼굴이다. 아이가 웃는 얼굴이 엄마도 가장 좋다고 이야기해주자.

 ## 블랙 독

레비 핀폴드 글그림, 천미나 옮김, 북스토리아이

《블랙 독》은 2013년 케이트 그리너웨이 상을 수상한 그림책이다. 두려움이라는 주제를 검은 개로 탁월하게 상징화했다. 두렵다고 느끼는 순간, 이에 대처하는 방법은 두 가지다. 하나는 두려움과 맞서 이겨내는 것이고 다른 하나는 두려움을 피해 숨는 것이다. 그림책은 두려움에 맞서는 이 두 가지 방법을 모두 보여준다.

어느 날 아침 호프 아저씨네 집 앞에 검은 개가 한 마리 찾아왔다. 제일 처음 발견한 아저씨는 호랑이만 한 검둥개가 나타났다고 놀라고, 다음으로 발견한 아주머니는 코끼리만 한 검둥개가 있다고 겁을 먹고, 애들리언은 티라노사우루스만 한 검둥개를 봤다며 소리를 친다. 모리스는 집만큼 커다란 검둥개를 보고 이불 밑에 숨는다. 꼬맹이 막내는 검둥개가 잡아먹을지도 모른다는 가족의 위협에도 불구하고 문을 열고 나간다.

살아가는 동안 누구도 두려움을 완전히 극복할 수는 없다. 다만 자신이 다룰 만큼 작은 검둥개로 만들어 데리고 다닐 수는 있다. 그것은 어른이 되는 것과도, 덩치가 큰 것과도 상관이 없다. 오로지 '무서워할 거 하나도 없어.'라고 믿는 태도다.

나를 표현하는 열두 가지 감정
임성관 글, 강은옥 그림, 책속물고기

독서치료 전문가로 일하는 저자가 열두 가지 기본적인 감정이 어떤 것인지를 설명하고, 감정을 다스리는 법을 이야기하는 논픽션이다. 감정을 주제로 다룬 어린이 논픽션 책들은 어린이들이 느낄 법한 감정이 어떤 빛깔을 지녔으며, 어떤 상황이 일어났을 때 이런 감정이 든다는 것을 설명하는 방식이다. 이런 종류의 책은 여럿 출간되어 있다. 굳이 이 책을 소개하는 이유는 마지막에 소개된 '내 마음의 주인이 되는 감정 일기' 때문이다.

무언가를 아는 것만으로는 변하지 않는다. 아는 데서 끝내지 말고 실천해봐야 한다. 그러려면 직접 경험하는 것이 가장 좋은 방법이다. 감정도 마찬가지다. 아무리 분노와 슬픔과 외로움이 무엇인지를 정의한들 소용이 없다. 읽어봐도 그때뿐이다. 오늘 하루 일어났던 일들 속에서 어떤 감정을 느꼈는지를 글로 적어보고 그 감정을 구체화하는 훈련을 하는 것이 좋다. 감정을 표현하는 데 서툰 어린이라도 이런 훈련을 통해 감정을 다양하게 느끼고 표현할 수 있다.

생쥐 기사 데스페로
케이트 디카밀로 글, 티모시 바질 에링 그림, 김경미 옮김, 비룡소

사실 인간의 복잡한 감정을 가장 잘 보여주는 것은 문학작품이다.

시기, 질투, 분노, 슬픔, 짜증 등의 감정은 설명이 아니라 동화를 읽으며 느끼고 공감하는 편이 백번 낫다. 동화를 읽을 때 어린이는 주인공에게 감정이입한다. 함께 사건을 겪으며 감정을 공유할 수 있다. 단어를 공부하듯 감정을 배워서 뭐에 쓸 것인가. 공감을 통해 느끼도록 이끌어야 한다.

《생쥐 기사 데스페로》는 감정을 다룬 동화라고 해도 지나치지 않을 작품이다. 동화의 주인공은 생쥐 데스페로, 시궁쥐 로스쿠로, 피 공주, 하녀 미거리 사우다. 이들이 서로 얽혀 빚어낸 갈등 이면에는 주인공들의 사연과 거기서 빚어진 감정들이 웅어리져 있다. 작가는 이들이 마음속에 간직한 감정을 하나하나 불러 설명하고 이름을 붙여준다. 그 어떤 책보다 감정이 생겨나는 마음의 결을 섬세하게 그리고 있는 동화다.

2

뭐든 혼자 못해서
다 챙겨줘야 해요

모든 아이는 일정한 성장과 발달 단계를 거친다. 물론 개인 편차가 있어 혹여 조금 빠르고 조금 느릴 수야 있지만 길게 보면 모두 일정한 단계를 거쳐 간다. 아기는 태어나 사물을 알아보고 뒤집기를 하고 물고 빨고 기어다닌다. 돌 무렵이면 어떤 아이는 걷기 시작하고 또 어떤 아이는 한 걸음 뗄 기미조차 보이지 않는 경우도 있다. 하지만 대개 아이들은 얼마 지나지 않아 두 발로 아장아장 걸어 다닌다. 두 돌 무렵이면 말을 배우기 시작한다. 말하기 역시 빠른 아이가 있지만 늦되는 아이도 있다. 곧 대소변도 가리고, 흘리는 게 더 많을지언정 숟가락질도 한다. 대소변을 가리고 혼

아홉 살 독서 수업

자 밥을 먹을 수 있게 되면 아이들은 유치원에 다니기 시작한다.

이 무렵의 아이들은 뭐든 자기가 하겠다고 고집을 부린다. "내가 할 거야." 소리를 입에 달고 산다. 아이가 뭐든 스스로 할 수 있기를 그토록 바랐지만 지금은 아니다. 옷도 혼자 입으려고 하고 신발도 혼자 신겠다고 해서 도리어 엄마를 피곤하게 한다. 엄마가 해주면 금방 끝날 일인데 아이가 혼자 하겠다고 떼를 쓰면 시간이 곱절로 걸리기 때문이다. 아이를 유치원에 보내고 엄마는 뛰다시피 일하러 가야 하는데 아이가 고집을 부리면 아침부터 짜증이 난다. 하지만 아이는 엄마를 괴롭히려는 게 아니다. 열심히 독립하려고 애쓰는 중이다.

아이의 성장은 결국 독립

어린이들의 성장에서 가장 중요한 것이 독립이다. 어렵고 난해한 말을 쏟아내는 프로이트나 라캉 같은 정신분석학자들의 탐구도 결국은 다르지 않다. 한 사람의 인간이 주체적으로 독립하는 길, 즉 자신을 찾는 여정에 관한 이야기다. 그래서 부모가 아이를 기른다는 것은 결국 잘 떠나보내기 위한 준비 과정에 다름 아니다. 최종 목표는 완전한 독립이다. 모든 어린이문학의 궁극적인 주제도 성장이다.

아이가 초등학교에 입학한 해에는 여러 가지 과제가 있다. 처음 학교라는 단체생활을 시작했으니 아이는 낯선 환경에 적응하는 게 지상 과제다. 학급에서 친구를 사귀고 함께 어울려 지내는 법을 배우며 사회의 구성원이 될 준비를 시작한다. 초등학교 입학은 안전한 보금자리였던 집을 떠나 사회로 나선 첫걸음이다. 그러기 위해 학교생활에 적응하는 법, 친구들에게 고운 말을 하는 법, 여럿이 협동하는 법 등을 배운다. 따라서 이 시기를 맞은 부모는 아이가 독립을 향해 내딛은 발걸음을 지지하고 응원해야 한다. 이 사실을 모르는 부모가 있을까. 이웃집 아이라면 쉬울 텐데, 부모로서 내 아이를 객관화하는 것은 참으로 어렵다.

송주현 선생은 아이를 초등학교에 처음 보낸 1학년 학부모를 만나면 꼭 두 가지 당부를 한다. 하나는 "자기 책가방은 스스로 챙기도록 도와주세요."이다. 두 번째는 "자기 옷은 혼자 입도록 해주세요."이다. '1학년 독립심 기르기 프로젝트'라고 이름도 붙였다. 학부모에게만 부탁하는 게 아니라 1학년 아이들에게도 두 가지는 스스로 해야 한다고 여러 번 이른다. 하지만 이 프로젝트는 금방 흐지부지된다.

얼핏 듣기에는 뭐 어려울 게 있을까 싶다. 구구단 외우기, 책 읽고 독후감 쓰기처럼 아이들이 질색하는 숙제도 아니다. 한데 아이도 아이지만 부모가 이를 실천하기 어렵다. 아이가 혼자서 책가방을 챙기고 옷을 입는 걸 보고 있을 수 없기 때문이다. 이제 막 1학

아홉 살 독서 수업

년이 된 아이가 혼자 하면 아무래도 빈틈이 많다. 알림장을 엄마에게 보여주는 것조차 잊어버리는 아이들이 다수다. 그런데 처음부터 내일 학교에 가지고 갈 준비물을 꼼꼼하게 챙겨 책가방을 싸는 아이가 몇이나 되겠나. 혼자 하니 아무래도 빠트리는 게 많다. 숙제도 덜렁덜렁 잊어버린다. 학교에 가는 아이에게 엄마가 하나씩 물어보다가 결국 잔소리를 하게 된다. 하루 이틀도 아니고 매일 아침 이런 실랑이를 벌이느니 엄마는 직접 아이의 가방을 챙긴다. 이편이 더 편하고 빠르고 안심이 된다.

옷 입기도 마찬가지다. 아이들은 계절과 상관없이 자기가 좋아하는 옷을 입으려 든다. 엄마는 쓸데없이 고집을 부리는 아이와 다툼을 한다. 특히 일하는 엄마라면 바쁜 아침 시간에 직접 아이의 옷을 입혀주는 편이 훨씬 감정 소모가 덜하다. 이런 일이 한두 번 되풀이되면 아이들은 금세 알아차린다. 자기가 안 해도 엄마가 다 알아서 해주리란 걸 말이다. 아이는 엄마가 해주는 게 더 편하다. 자신이 해야 할 일이라는 걸 알아도 엄마를 찾는다. 이렇게 아이들의 독립은 자꾸 유예된다.

작은 성취가 쌓여 성장을 이룬다

아이가 처음 하는 일이 순조로울 리 없다. 아이도 실은 잘할 수 있을까 두렵다. 어린이책에는 이렇게 처음 자기 힘으로 뭔가 시작하는 아이들이 곧잘 등장한다. 《이슬이의 첫 심부름》이 대표적이다. 동네 가게에서 물건을 산다는 것이 어른 입장에서는 일도 아니다. 하지만 처음으로 혼자 길을 나선 아이에게는 대단한 도전이다. 내가 중학생 때 처음으로 혼자 시내에서 옷을 산 적이 있다. 초겨울이었는데 으리으리한 조명이 켜진 옷가게들 앞에서 얼마나 서성였는지 모른다. 차마 문을 열고 들어갈 용기가 나지 않았다. 내가 입을 옷을 스스로 사기 위해 나선 길이 시베리아로 가는 것보다 험난했다. 옷가게 앞에서 주춤거리다 들어가지도 못하고 돌고 돌다 보니 해가 졌다. 추워서 더 이상 헤맬 수 없을 때까지 망설이다 결국 옷가게에 들어갔다. 그렇게 혼자 옷을 사고 난 다음부터는 처음만큼 힘들지 않았다.

엄마가 해주면 금방 할 일들이지만 저학년 아이들은 서툴 수밖에 없다. 이것만 해주고 말지 싶지만 결코 책가방이나 옷에 한정되지 않는다. 이렇게 길들여진 아이는 스스로 하기보다는 엄마가 하라는 대로 한다. 누군가 결정해준 대로 따르면 성장할 수 없다. 시간이 걸리고, 때로 엄마 마음에 안 들어도 부모는 한쪽 눈을 질근 감을 수 있어야 한다. 아이가 혼자서 모든 과정을 해보는 것은 성장을 좌우하는 열쇠다. 한 번이라도 자기 힘으로 무언가를 성취해본 아이는 커다란 자신감을 갖는다. 다음부터는 그 일이 처음만큼 힘들지 않다. 작은 성취가 하나씩 쌓여 아이는 자신의 삶을 살아

아홉 살 독서 수업

가는 독립적인 사람이 된다. 엄마와 아이가 함께 읽으면 좋은 독립에 관한 이야기들을 통해 이 과정을 대리 체험해볼 수 있다. 독립하려 애쓰는 아이들의 이야기를 읽으며 일종의 시뮬레이션을 해보자. 나아가 《이슬이의 첫 심부름》의 이슬이처럼 혼자 우유를 사러 가고, 《지하철을 타고서》의 지원이 병관이처럼 할머니 댁도 찾아가고, 《겁보 만보》의 만보처럼 시장에도 가보자.

요즘은 공부와 대학입시를 위해 모든 것을 배제하고 앞만 보고 달린다. 그러자니 온전한 한 사람으로 살기 위해 꼭 알아야 하고 해야 할 일은 부모나 다른 사람이 대신해준다. 자기 손으로 빨래나 설거지 같은 집안일을 하거나 동생을 보살피거나 간단한 음식이라도 만들 줄 아는 아이는 찾아보기 힘들다. 이래서야 모두 자기만 아는 지독한 이기주의자들의 세상이 될 뿐이다.

 ## 이슬이의 첫 심부름

쓰쓰이 요리코 글, 하야시 아키코 그림, 이영준 옮김, 한림출판사

하야시 아키코가 그림을 그린 《이슬이의 첫 심부름》을 보고 있자면 참 많은 생각이 든다. 우리 모두 처음 심부름을 갔던 날이 있다. 집 근처 가게에 엄마 심부름으로 콩나물이나 두부 같은 걸 사러 갔다. 때로는 조금 멀리 심부름을 가기도 했다. 그 길이 얼마나 멀던지. 어른이 되어 다시 가보고는 이렇게 가까웠나 싶어 놀란 적도 있다.

이슬이 엄마는 아직 갓난쟁이인 동생이 울어대는 통에 다섯 살 이슬이에게 우유 심부름을 시킨다. 지금껏 한 번도 혼자 밖에 나간 적이 없는 이슬이는 두렵지만 이내 하겠다고 나선다. 그림책은 일부러 세로로 긴 모양을 선택했다. 이슬이가 집에서부터 가게까지 가야 하는 길이 아득해 보이도록 의도한 판형이다.

이슬이는 넘어져 무릎이 까지고, 우유 값을 잃어버릴 뻔한다. 가까스로 가게에 도착했지만 아무도 이슬이를 손님으로 봐주지 않는다. 울기 직전이다. 마침내 가게 안에 이슬이 혼자 남게 되자 힘껏 소리를 냈다. "우유 주세요!"

하야시 아키코는 색연필의 부드러운 색감을 이용하여 순하고 따뜻하게 아이들의 모습을 담아냈다. 무엇보다 다섯 살짜리 이슬이의 시선으로 그려낸 그림의 구성이 탁월하다. 집에서 가게까지 가는 단조로운 길을 역동적인 구조로 보여주는 점은 특히 눈여겨볼 만하다. 이 책을 읽고 나면 아이가 혼자 심부름을 하겠다고 나서지 않을까. 반대로 혼자 심부름을 해낸 아이들과 이 책을 읽고 그때의 이야기를 나누어보자. 그리고 칭찬해주자. 이제 막 세상으로 두 발을 내딛지 않았나.

지하철을 타고서

고대영 글, 김영진 그림, 길벗어린이

부모와 아이들 모두 좋아하는 '지원이와 병관이' 시리즈의 첫 권 《지하철을 타고서》도 비슷한 설정이다. 누나인 지원이와 말썽꾸러기 병관이는 할머니 댁에 가려고 나섰다. 엄마와 함께 지하철을 타고 할머니 댁에 간 적은 있다. 한데 오늘은 엄마와 아빠 둘 다 사정이 있어 지원이와 병관이 둘이서만 지하철을 타고 가기로 했다.
어른도 낯선 이국의 도시에서 지하철을 타면 긴장한다. 처음으로 엄마 없이 지하철을 탄 지원이는 오죽할까. 그것도 동생까지 데리고 가야 한다. 가슴을 졸이고 있는 누나 속도 모르고 병관이는 자기 멋대로 굴고 떼까지 쓴다. 지하철에서 잠이 든 병관이를 깨우자 천하태평 병관이는 버럭 화를 낸다. 무사히 가야 한다는 생각에 조마조마했던 지원이는 할머니 댁에 도착하자마자 울음을 터트린다. 그리고 얄미운 동생 엉덩이를 냅다 걷어찬다.

아직 어린 지원이가 처음 가는 길은 얼마나 무서웠을까. 하지만 지원이는 해냈다. 이제부터 지원이는 제가 가고 싶은 곳이 있다면 용기를 낼 수 있을 테다. 곁에 있다면 지원이의 머리를 쓰다듬어주고 싶은 책이다.

당나귀 실베스터와 요술 조약돌

윌리엄 스타이그 글그림, 이상경 옮김, 다산기획

윌리엄 스타이그는 모험에 나섰다가 길을 잃거나 위험에 처한 아이들의 이야기를 즐겨 들려준다. 하지만 다행스럽게도 아이들은 언제나 집으로 무사히 돌아온다. 작가는 알고 있는 것이다. 아이들이 세상에 대한 호기심과 용기를 잃지 않고 모험을 떠나려면 언제든 가족의 품으로 돌아올 수 있어야 한다는 사실을 말이다. 낯선 상황에 도전할 수 있다는 것은 역설적으로 믿는 구석이 있기 때문이다. 어떤 경우라도 자신을 반겨주고 맞아줄 사랑하는 가족이 기다리고 있다는 걸 믿을 때 우리는 험한 길을 향해 나아갈 수 있다. 어린이문학이 모든 어린이들에게 들려주는 이야기이자 성장의 불문율이다.

《당나귀 실베스터와 요술 조약돌》도 그렇다. 조약돌을 모으는 취미가 있는 실베스터는 우연하게 요술 조약돌을 줍는다. 그런데 굶주린 사자를 만나자 무서운 나머지 바위로 변하게 해달라고 빌고 말았다. 실베스터는 바위로 변했고 다시는 집으로 돌아갈 수 없는 신세가 되었다. 엄마 아빠는 집에 돌아오지 않는 아들을 애타게 찾는다. 과연 실베스터는 집으로 갈 수 있을까. 책을 읽어주고 난 후 아이를 꼭 안아주자. 그리고 길을 잃어도 걱정하지 말라고, 실베스터의 엄마와 아빠처럼 꼭 지켜주겠노라고 말해주자.

겁보 만보

김유 글, 최미란 그림, 책읽는곰

외동아이는 온 집안의 사랑을 한 몸에 받고 자란다. 그래서 흡사 공주나 왕자처럼 자기애가 강한 대신 독립심이나 배려심은 부족하기 쉽다. 동화는 감칠맛 나는 사투리와 전래동화의 형식을 빌려 겁 많은 외동아이가 용기를 내는 과정을 흥미롭게 들려준다.

엄마 아빠는 아주 늦게 아들을 얻었다. 귀하기 이를 데 없는 아이의 이름을 만 개의 보물이란 뜻으로 만보라고 짓는다. 무엇이든 엄마 아빠가 알아서 해주다 보니 만보는 용기가 부족한 겁쟁이가 되었다. 엄마 아빠는 이래서는 안 되겠다 결심하고 만보를 혼자 장에 보내기로 한다. 과연 겁보 만보가 혼자 해낼 수 있을까?

3

아이가 자꾸
거짓말을 해요

아이들은 커가면서 부모와 무수하게 갈등을 빚는다. 떼쓰기, 편식, 정리정돈, 분리불안, 거짓말, 게임 등등. 특히나 아이가 거짓말을 했다는 걸 알면 부모들은 덜컥 겁이 난다. 벌써부터 거짓말을 하면 커서 뭐가 되려나 싶어 불안이 엄습하기 때문이다. 아이들이 거짓말을 시작하는 나이는 대략 다섯 살 무렵이다. 어린것이 벌써 거짓말인가 싶지만, 역설적이게도 아이가 거짓말을 했다는 것은 성장의 신호이기도 하다.

아직 어린아이들은 거짓말을 할 줄 모른다. 거짓말을 하려면 다른 사람의 마음을 읽을 수 있어야 한다. 다섯 살 미만의 아이들에게는 아직 그런 능력이 없다. 거짓말을 하는 것은 만약 내가 이렇게 말한다면 엄마가 어떤 반응을 보일지 미루어 짐작할 수 있기 때문이다. 엄마가 화를 낼 거라는 걸, 그래서 결국 내가 혼난다는 걸 미루어 짐작할 수 있기에 거짓말을 하는 거다. 거짓말은 고도의 추론 능력을 증거하는 일이자 아이가 자랐다는 걸 보여주는 현상이기도 하다. 아이의 거짓말은 아직 서툴다. 그래서 눈에 뻔히 보이는 거짓말을 한다. 입술 주위에 잔뜩 초콜릿을 묻히고도 아무것도 먹지 않았다고 하는 식이다. 하지만 아이들이 크면 거짓말도 점점 정교해진다.

어린이문학에서도 거짓말은 빠지지 않는 주제 가운데 하나다. 아이의 거짓말은 나쁜 버릇이다. 하지만 동화는 거짓말을 무작정 단죄하지 않는다. 어린이가 거짓말을 한다면 거기에는 더 많은 이야기가 숨어 있을지 모른다. 만약 아이가 거짓말을 해서 고민이라면 거짓말하는 아이가 나오는 동화를 아이와 함께 읽어보면 좋다. 거짓말을 다룬 동화를 읽으며 아이는 거짓말을 했을 때 느꼈던 여러 감정을 주인공과 나눌 수 있을 것이다. 부모는 동화를 통해 아이가 거짓말을 왜 하는지, 아이가 거짓말을 할 때 정말로 원하는 것이 무엇인지, 그 마음을 알아차릴 수 있다.

거짓말은 아이가 커가고 있다는 증거

아이들이 거짓말을 하는 이유는 다양하다. 아이가 혼자 있는 시간이 많거나 혹은 지나치게 압박을 느끼고 있을 때도 거짓말을 할수 있다. 아이들이 거짓말을 하는 이유가 무엇인지는 어린이책 몇권만 읽어보면 금방 알아차리게 된다. 부모와 어린이들이 모두 좋아하는 그림책 '지원이와 병관이' 시리즈는 일고여덟 살 아이들의 성장 과정에서 흔하게 빚어지는 갈등을 다룬다. 시리즈 중에 역시나 《거짓말》이 있다. 아이들이 커가는 동안 벌어지는 사건 중에 거짓말이 빠질 수 없다는 뜻이다.

병관이는 우연히 길에서 오천 원을 주웠다. 이게 웬 횡재인가 싶어 평소에 사고 싶었던 요요를 사고 떡볶이를 사 먹었다. 한데 아직 어린 병관이의 행동이 엄마가 보기엔 수상쩍다. 병관이의 거짓말은 엄마에게 바로 들통이 난다. 병관이가 솔직하게 길에서 돈을 주웠고 먹고 싶고 갖고 싶었던 걸 사는 데 썼다고 말했다면 엄마의 꾸중 몇 마디를 듣고 끝날 일이었다. 한데 병관이는 그러지 않았다. 그 순간 자신이 뭔가 잘못했다는 걸 느꼈다. 그래서 상황을 모면하려다 보니 거짓말이 꼬리에 꼬리를 물게 되었다. 솔직히 말하면 엄마에게 혼이 날까 겁이 나니 거짓말을 하는 거다.

황선미의 《들키고 싶은 비밀》 역시 거짓말이 소재다. 엄마가 일을 하는 은결이는 집에 혼자 있는 시간이 많다. 그래서 친구들과

놓고 싶은데 뜻대로 되지 않자 엄마 지갑에서 돈을 훔친다. 훔친 돈으로 친구들에게 군것질거리를 사주고 함께 논다. 그러자니 자꾸 돈이 필요했다.

고대영 작가와 황선미 작가가 거짓말을 주제로 쓴 이 두 권의 책에는 흥미로운 공통점이 있다. 거짓말을 했으니 그에 상응하는 대가를 치러야 한다는 생각이다. 그래서 《거짓말》의 병관이는 주운 돈의 주인을 찾아주느라 고생하고, 은결이는 엄마에게 회초리를 맞는다. 물론 두 작품의 결은 다르다. '지원이와 병관이' 시리즈는 병관이 또래 아이를 둔 부모가 아이들에게 하고 싶은 말을 대신 해 주는 책이다. 그래서 병관이 엄마는 병관이에게 다시는 거짓말을 해서는 안 되고, 했다면 벌을 받아야 한다고 정확하게 말한다.

황선미의 《들키고 싶은 비밀》은 이 점에서 좀 다르다. 엄마가 화가 나서 회초리를 들고 은결이를 때렸지만 이제부터 어떻게 해야 한다고는 말하지 않는다. 동화는 아이들의 거짓말 이면에 어떤 마음이 숨어 있는지를 그리고 있다. 아이는 왜 거짓말을 했고, 엄마의 지갑에 손을 댔을까, 혹시 아이는 엄마의 사랑을 훔치고 싶었던 게 아닐까라고 묻는다. 엄마로서의 자책과 미안함이 더 많이 묻어 있는 작품이다.

솔직하게 말해도 괜찮다고 해주자

아이들이 거짓말을 하는 이유야 우리나 외국이나 비슷했다. 하지만 결말은 전혀 달랐다. 플로랑스 세이보스가 지은《파스칼의 실수》와 울프 스타르크가 쓴《거짓말쟁이 천재》라는 동화를 살펴보니 아이들이 한 거짓말에 비해 부모의 대응이 싱거울 정도였다.

《파스칼의 실수》에서 파스칼은 지각을 한다. 이유를 묻는 선생님에게 파스칼은 엄마가 죽었다고 거짓말을 한다. 길에서 돈을 주워 떡볶이를 사 먹은 병관이의 거짓말은 귀여울 정도다. 지각을 해놓고 엄마가 죽었다고 거짓말을 하다니! 어쩌려고 이러나 걱정이 될 정도다.

《거짓말쟁이 천재》에서도 거짓말의 수위는 결코 낮지 않다. 울프는 낙제점을 받는다. 성적표에 아빠 사인을 받아 가야 하는데 차마 보여줄 수가 없다. 이런 상황은 우리에게도 종종 있던 일이다. 이때 아이들은 몰래 아빠의 도장을 찍거나 사인을 흉내 낸 성적표를 학교에 낸다. 하지만 금방 들통나고 만다. 울프의 경우도 발각이 되었고 혼날 게 두렵다. 그래서 가출을 선택한다. 지갑에서 돈을 훔치고 나서 자신이 거짓말을 했다는 사실을 엄마가 알아주었으면 하고 바라는 은결이에 비하면 울프는 배짱이 보통이 아니다.

두 아이 모두 크게 혼이 나야 하는 일을 벌였다. 한데 두 동화책은 별일 없이 끝난다.《거짓말쟁이 천재》의 울프가 집으로 돌아왔

아홉 살 독서 수업

을 때 아빠는 왜 성적표에 거짓으로 사인을 했는지를 묻는다. "왜 그런 짓을 한 거냐? 사실 그대로 말했으면 될 텐데." 울프는 이렇게 대답한다. "너무 부끄러워서요." 그러자 아빠가 말한다. "사실을 솔직하게 털어놓으면 돼. 그러면 모든 게 잘될 거다. 잘 기억해둬. 알았지?" 동화는 이렇게 끝난다.

병관이와 은결이가 치른 대가에 비하면 울프는 가출까지 했는데 별로 혼도 나지 않았다. 부모 입장에서는 이래도 되나 싶을 정도다. 이는 우리와의 정서 차이 때문일 수도 있겠지만, 부모가 아이의 거짓말을 어떻게 대해야 할지를 보여주는 좋은 사례이기도 하다.

아이들은 뭔가 잘못했고, 혼이 날 거라고 생각하면 본능적으로 자신을 보호하기 위해 거짓말을 한다. 상대방이 바라는 대답이 무엇인지 알고 있으니까 거짓말도 하는 거다. 그래서 아이가 거짓말을 했다는 걸 알았을 때 부모는 아이를 시험에 들게 하지 말아야 한다. 가장 흔한 실수는 아이가 거짓말을 했다는 물증과 심증을 굳히고 난 후 아이를 범인처럼 취조하는 것이다.

아이가 일부러 남을 해롭게 하려는 의도만 없었다면 아이들의 거짓말은 둘러대기에 불과하다. 아이의 거짓말을 알게 되었을 때 울프의 아빠처럼 대응하면 된다. "애야, 거짓말했다고 두려워할 필요는 없어. 혹 거짓말을 했다고 해도 그저 진실을 말하면 된단다. 그럼 모든 게 잘될 거야."

빨간 매미

후쿠다 이와오 글그림, 한영 옮김, 책읽는곰

후쿠다 이와오는 《방귀 만세》, 《난 형이니까》를 비롯해 많은 작품이 국내에 소개된 작가다. 작가는 아이들이 겪을 만한 사건들, 예컨대 형제 갈등, 거짓말, 친구 등을 소재로 삼아 아이의 마음을 아주 섬세하게 그려낸다.

주인공 이치는 국어 공책을 사러 문방구에 갔다. 그런데 아줌마가 전화를 받는 사이 들고 있던 지우개를 주머니에 넣어버렸다. 꼭 갖고 싶었던 것도 아닌데 지우개를 훔친 순간부터 이치의 감정은 요동친다. 이때부터 잘못을 저질렀다는 두려움과 스스로에 대한 분노 때문에 성난 감정이 불뚝불뚝 솟구친다. 동생에게 괜히 짜증을 내고 친구에게 심술을 부린다. 동생이 아빠와 즐겁게 노는 게 부럽기도 하다. 자신은 나쁜 일을 저질렀으니 다시는 사랑을 받을 수 없다고 느끼는 것이다. 지우개를 돌려주고 싶지만 창피하고 무서워 어쩔 줄 모르는 이치처럼 누구나 실수도 하고 잘못도 하고 거짓말도 한다. 이때 아이는 용기를 내야 하고 어른들은 이런 아이를 품어줘야 한다는 것을 알려주는 따뜻한 책이다.

들키고 싶은 비밀

황선미 글, 김유대 그림, 창비

집안 형편이 어려운 은결이네 엄마는 집도 사야 하고, 아빠 병원비도 필요해서 일을 해야 한다. 엄마가 집을 비우는 시간이 많으니은결이는 집에 혼자 있는 시간이 많다. 하지만 혼자 텔레비전 보는건 이제 지겹다. 같이 놀아주었으면 싶은 형은 컴퓨터를 하느라 정신이 없다. 그래서 은결이는 엄마의 지갑에서 돈을 훔쳐 게임을 하거나 친구들에게 먹을 걸 사주며 같이 논다. 하루는 친구에게 미니카를 사주려고 엄마 지갑에서 만 원짜리를 꺼내다 유리컵을 깼다. 유리 조각이 은결이 발뒤꿈치에 박혔고 바늘이 찌르는 것처럼아프다. 발이 너무 아픈데 왜 다쳤냐고 물을 테니 엄마에게 솔직하게 말할 수 없다. 은결이는 차라리 엄마가 알아버렸으면, 자신의 거짓말이 들켜버렸으면 하고 바란다.

 ## 투덜이 빈스의 어느 특별한 날

제니퍼 홀름 글그림, 김경미 옮김, 다산기획

아이들은 조금만 크면 금방 알아버린다. 실은 어른들이 거짓말을더 많이 한다는 걸.《투덜이 빈스의 어느 특별한 날》은 어른들의거짓말을 비웃던 빈스가 거짓말을 하고 나서 겪는 뜻하지 않은 사건을 다룬다. 뉴베리 상을 세 차례나 받은 제니퍼 홀름은 어른의 세계에 눈뜬 조숙한 소년이 거짓말을 통해 성장해가는 이야기를 흥미롭게 풀어냈다.

동화가 시작되자마자 '어른들은 거짓말을 잘한다.'고 투덜이 빈스가 독백한다. 나라 경제가 어려워지자 아빠는 실직을 해 직업이 없다. 대신 엄마가 힘든 일을 해서 돈을 번다. 아직 어린 빈스는 무슨 일이든 해서 돈을 벌어 엄마를 돕고 싶지만 쉬울 리 없다. 어른들은 약속을 어기거나 빈스를 이용해 비합법적인 일을 하려 든다. 소년 빈스의 눈에 비친 어른들은 모두 최고의 거짓말쟁이들이다. 빈스는 쉽게 돈을 버는 길을 택하지만 친구의 집에 불이 나는 큰 사건을 겪는다. 남을 속이는 것만 거짓말이 아니다. 자신을 속이는 것은 더 고통스러운 일이다. 거짓말을 이겨내는 데는 용기가 필요하다는 것을 보여주는 책이다.

4

야단쳤더니 대놓고
엄마가 밉다고 해요

아이들에게 가장 환영받는 책은 어떤 걸까. 만화책, 게임 캐릭터 책, 오싹오싹 귀신 이야기보다 아이들이 환호하는 책이 있다. 이런 책을 만나면 아이들은 엄마에게 읽어보라고 권하기도 한다. 바로 언제나 아이들을 야단치고 잔소리만 늘어놓는 엄마가 된통 당하는 책, 소파와 한 몸이 되어 텔레비전만 보는 아빠를 흉보는 책들이다.

아이의 눈에 부모가 늘 멋있어 보이는 것은 아니다. 부모를 사랑하고 부모의 품에서 안전과 편안함을 느끼지만 아이들은 부모의 말과 행동이 부당하다고 느낄 때도 많다. 이럴 때 아이는 남몰래 부모가 골탕을 먹었으면 좋겠다는 마음을 품는다. 이런 마음을 대신 보여주는 어린이책을 만나면 아이들은 신이 난다. 그렇다고 오해할 건 없다. 아이들은 정말로 부모가 곤란에 빠지기를 바라는 것은 아니다. 다만 부모의 간섭이 지겹고, 절대적 권위를 지닌 부모의 명령과 지시 앞에서 주눅이 들 때 그런 공상을 잠시 품어보는 것뿐이다.

어른들도 무례한 사람을 만나고 돌아서면 '가다가 코나 깨져라.' 같은 독설을 뱉으며 카타르시스를 느끼지 않는가. 아이들도 똑같다. 잠시 잠깐 이런 이야기를 통해 부모의 잔소리로부터 탈출하는 꿈을 꾸는 것뿐이다.

옛이야기에 나타난 엄마의 두 얼굴

옛이야기나 어린이책을 읽다 보면 인물들이 지극히 평면적이다. 다시 말해 착한 사람과 악한 사람만 등장한다. 착한 사람인데 종종 나쁜 마음을 품거나, 마음이 여린데 어쩔 수 없이 다른 사람에게 해를 끼치는 복잡한 심리를 지닌 다층적 인물은 보이지 않는다. 어린이책은 일부러 등장인물을 선한 사람과 악한 사람으로 나눈다. 이런 이분법을 적용하는 데는 이유가 있다.

아직 어린아이들의 감정은 단순하다. 아이들에게는 좋거나 나쁜 사람만 있다. 때문에 어린이문학은 아이들의 이런 감정을 반영하는 것이다. 반대로 성인 문학은 인간의 마음을 무 자르듯 선과 악으로 고정하지 않는다. 한 사람의 마음속에는 언제나 선과 악이 함께 깃들어 있다. 친절한 사람이라도 누군가를 질투하기도 한다. 경쟁자가 실패하길 바라고 남이 보지 않을 때는 슬쩍 나쁜 짓도 한다.

하지만 어린이는 이런 인간의 다면성을 아직 받아들이지 못한다. 감정의 분화는 사춘기에 접어들며 본격적으로 시작된다. 아직 어린아이들에게 더 중요한 것은 자신이 믿고 따르고 의지해야 할 사람과 그렇지 않은 사람을 분명히 아는 것이다. 때문에 아이들은 방금 전까지 나를 사랑해주던 엄마가 갑자기 무섭게 돌변해 야단을 치면 혼란스럽다. 두 얼굴의 엄마를 같은 사람이라고 생각하기 어렵다. 그래서 옛이야기에 등장하는 마녀나 계모는 아이들이 느끼는 혼란을 막기 위해 상징화된 엄마의 부정적 측면이라고 알려져 있다.

한데 부모가 되고 보니 엄마의 두 얼굴에 놀라는 것은 아이들만은 아니었다. 엄마들도 자신의 두 얼굴에 적잖이 놀란다. 우리 시대의 엄마들은 모두 좋은 엄마가 되려고 열심히 노력한다. 지나치게 애를 쓴다. 친구 같은 엄마, 자유롭고 똑똑하게 아이를 키우는 엄마, 아이를 이해하는 마음 넓은 엄마가 되려고 애쓴다. 하지만 엄마들은 천 가지도 넘는 이유로 힘들고 짜증이 난다. 한 번씩 참고 참았던 화가 폭발한다. 평소라면 넘어갔을 일인데, 그날따라 화를 다

스릴 수 없는 일들이 자꾸자꾸 생겨난다. 참고 참았던 화인지라 한 번 폭발하면 걷잡을 수 없이 커진다. 그렇게 아이에게 한바탕 퍼붓고 나면 엄마는 죄책감에 시달린다. 엄마로서 내가 과연 잘하고 있는 걸까 하는 불안감이 엄습한다. 왜 이렇게 부족한 엄마인가 하는 자책감도 들이닥친다. 엄마도 사람이다. 감정이 없을 리 없다. 다만 아이에게 감정이 섞인 화를 냈다면 아이와 함께 관련 책을 읽어보자. 그리고 아이에게 솔직하게 엄마가 왜 그랬는지 말해주자. 그리고 미안하다고도 말하자. 무엇보다 중요한 것은 너무 좋은 엄마가 되려고 애쓰지 않는 일이다.

진짜 엄마의 역할이란

아이에게 화를 낸 엄마들을 다룬 그림책이 있다. 독일 작가 유타 바우어의 《고함쟁이 엄마》다. 전 세계의 모든 엄마들이 화가 나는 건 어쩔 수 없는 것 같다. 《고함쟁이 엄마》에 등장하는 엄마도 무엇 때문인지 몰라도 아침부터 화가 나서 아이에게 소리를 질렀다. 비슷한 설정인 최숙희의 《엄마가 화났다》는 화를 낸 엄마의 입장에서 이야기를 전개한다. 똑같이 엄마가 화를 냈지만 두 그림책의 서사는 차이가 있다. 최숙희는 화를 내고 난 후 엄마가 느끼는 불안감을 표현하고 있고, 유타 바우어는 엄마가 화를 내고 난 후 아이의 심정이 어떨지를 들려준다.

엄마가 화를 냈을 때 아이들은 어떤 감정을 느낄까. 《고함쟁이 엄마》에는 이런 아이들의 마음이 생생하게 그려진다. "오늘 아침, 엄마가 나에게 소리를 질렀어요. 깜짝 놀란 나는 이리저리 흩어져 날아갔지요. …소리라도 지르고 싶었어요. 하지만 부리가 산꼭대기에 올라가 있어서 아무 소리도 낼 수 없었지요." 엄마 펭귄의 고함소리에 아기가 얼마나 놀랐는지 몸이 산산조각 났다. 정말 이런 기분을 느낄 때가 있다. 슬플 때 온몸이 갈기갈기 찢어지는 아픔이 느껴진다고 말하지 않던가. 유타 바우어는 엄마가 화를 낼 때 아이도 엄마와 같은 기분을 느끼며 이 감정은 몸에 새겨진다고 말하는 듯하다.

이럴 때 아이들은 대략 두 가지 반응을 보인다. 덩달아 화를 내는 아이와 반대로 아무 말도 못하는 아이가 있다. 《고함쟁이 엄마》에 나온 아기 펭귄은 후자다. 자기가 잘못해서 엄마가 화를 낸다 싶어 움츠리고 우물쭈물 아무 말도 못한다. 이 마음을 작가는 입이 사라져 말을 못하게 된 것으로 설명한다. 설득력 있는 표현이 아닐 수 없다.

《엄마가 미운 밤》은 이렇게 엄마에게 혼이 난 아이들의 속마음을 대신 발산할 수 있도록 돕는 그림책이다. 아기 곰, 아기 너구리, 아기 염소는 엄마가 불쑥불쑥 화를 내서 밉다. 엄마에게 야단을 맞은 아이들이 공원에 모여 어슬렁거리는 중이다. 아이들은 엄마에게 화난 분풀이를 하고자 일부러 불량스럽게 논다. 나는 어른이자 엄마로 살면서도 이런 장면을 보면 해방감을 느낀다. 아기 곰, 아기 너구리, 아기 염소 뒤에 내가 따라가며 건들거리고 나쁜 짓을 함께 하는 기분이 든다. 어른조차 이런 기분이 드는데 아이들은 얼마나 속이 시원할까.

지금까지 소개한 책들이 모두 엄마의 잔소리 때문에 골이 난 아이들의 이야기였다면《엄마 사용법》은 다른 시각으로 엄마란 무엇인가를 묻는다. 가까운 미래를 배경으로 한 과학동화로 '엄마를 돈으로 살 수 있다.'는 설정이 등장한다. 과학소설이 그렇듯 이런 설정은 이야기의 흥미뿐 아니라 생각할 거리를 던진다. 아이에게 절대로 화를 내지도 않고 그저 웃기만 하는 엄마는 진짜 엄마일까. 동화는 이런 질문을 던진다. 초등 1~2학년 아이들에게 읽어주고 이야기를 나눠보면 좋을 책이다.

고함쟁이 엄마

유타 바우어 글그림, 이현정 옮김, 비룡소

《고함쟁이 엄마》는 엄마의 말에 뜻하지 않게 상처를 입은 아이의 마음을 다독일 수 있는 책이다. 엄마가 자신도 모르게 아이에게 고함을 지르는 것이 어디 한두 번이랴. 아마 오늘 아침에도 아이에게 고함을 질렀을 수 있다. 그럴 때 이 그림책을 읽어주자. 그리고 무엇 때문에 엄마가 화를 냈는지 솔직하게 말해주고 아이의 아픈 마음을 어루만져주자. 혹여 아이가 잘못된 행동을 했어도 엄마가 소리를 지른 것은 잘못했다고, 미안하다고 말해주자. 이 작은 말과 행동만으로도 많은 것들이 해결된다. 엄마의 고함소리로 온몸이 분해되어버린 아기 펭귄을 찾아 꿰매고 상처를 치유해줄 사람은 바로 엄마다.

 ## 엄마 말 안 들으면… 흰긴수염고래 데려온다!

맥 바네트 글, 애덤 렉스 그림, 장미란 옮김, 다산기획

옛날 어른들은 아이가 말을 안 들으면 곧잘 "망태 할아버지가 잡아간다." 소리를 했다. 요즘 엄마들 중에도 어릴 때 들었던 망태 할

아버지를 써먹는 이들이 있다. 혹은 무언가를 들먹이며 아이를 협박한다. 그림책 속에 등장하는 빌리의 엄마도 그랬다. 엄마는 빌리에게 "방 치워라!", "이 닦아라!" 같은 잔소리를 한다. 빌리가 엄마 말을 귓등으로 흘릴 때마다 엄마는 협박을 한다. "만약 엄마 말 안 들으면 흰긴수염고래를 데려온다!" 하지만 세상에서 가장 큰 동물인 흰긴수염고래가 어떻게 집에 오나, 엄마가 괜히 하는 소리다. 그런데 설마가 현실이 되었다. 어느 날 택배 회사가 빌리에게 흰긴수염고래를 배달했다. 이때부터 빌리의 고난은 시작된다.

엄마의 잔소리, 아이들의 반항 같은 일상적 소재에다 흰긴수염고래에 대한 생태적 지식을 더한 독특한 그림책이다. 망태 할아버지가 더 이상 안 통한다면, 이제부터는 흰긴수염고래를 써보자.

 ## 엄마가 미운 밤

다카도노 호코 글, 오카모토 준 그림, 김소연 옮김, 천개의바람

아기 곰, 아기 너구리, 아기 염소는 엄마에게 야단을 맞고 공원에 모여 있다. 그리고 투덜거린다. "치, 엄마 미워.", "불쑥 화를 낸단 말이야." 아이들은 서로 엄마가 왜 미운지를 늘어놓는다.

그동안 엄마에게 "이거 해라, 저거 해라." 혹은 "그러면 안 된다. 또 잘못했다." 소리만 듣던 아이들은 엄마가 없는 공원에서 해방감을 한껏 맛본다. 불량하게 빈 깡통을 차고, 동상에 고깔을 올려놓고 낄낄거리고, 시끄럽게 골목길을 누빈다. 엄마 없는 세상이자 잔소

리 없는 세상을 만끽한다.

간혹 불안한 엄마들이 묻는다. "이런 그림책을 읽어주었다가 아이가 따라하면 어떻게 해요?" 모든 문학과 예술은 인간 안에 깃든 이런 불편한 마음을 정화시키는 역할을 한다. 오히려 발산하지 못하고 차곡차곡 쌓인 마음이 문제가 된다. 마찬가지로 이 책 속의 아이들은 실컷 놀고 나서 마음이 가뿐해졌다. 이제 아이들은 어떤 생각이 들까. 마지막 장면은 아이와 함께 책으로 확인하길!

 ## 엄마 사용법

김성진 글, 김중석 그림, 창비

현수는 엄마가 없다. 하루는 텔레비전에서 신제품 엄마 광고를 보고 아빠를 졸라 엄마를 산다. 새로 구입한 엄마의 역할은 아침에 밥 차려놓고 아이를 깨우고, 맛있는 거 먹고 싶다면 만들어주고, 청소와 빨래를 완벽하게 하는 것이다. 하지만 실수로 현수의 피 한 방울이 엄마 장난감 속에 들어갔다. 그래서인지 현수가 산 엄마 장난감은 뭔가 이상하다.

동화는 매니저 노릇만 하는 엄마는 곧 로봇이 대체할 수 있다고 경고한다. 그렇다면 근본적인 질문을 할 수밖에 없다. 로봇이 대체할 수 없는 진짜 엄마의 역할은 무엇일까. 이런 이야기를 나누기 좋은 책이다.

5

학교 가기가
싫고 무섭대요

아이의 초등학교 입학식은 부모로서 감격스러운 날이다. 초등학교에 입학한다는 것은 아이가 사회로 나아간다는 뜻이다. 부모는 아이를 이만큼이나 키웠구나 싶어 뿌듯하다. 하지만 아이가 초등학교에 입학하고 한두 달만 지나면 금방 깨닫게 된다. 아이의 초등학교 입학식은 좀 더 어려운 부모 노릇이 시작된다는 신호라는 것을 말이다. 이제 질적으로 부모의 역할이 달라진다. 지금까지 품 안의 자식이었지만 이제부터 아이는 독립된 인격체로 커 간다. 이 과정에서 아이가 어릴 때보다 육체적으로 힘이 덜 들기는 하지만 부모는 더 큰 갈등을 맞이할 수밖에 없다. 고된 부모 마음

아홉 살 독서 수업

을 겪어야 하는 시기가 찾아온다.

아이에게도 초등학교 입학이 무조건 기쁜 일은 아니다. 아이에게 학교는 부모 없이 혼자 생활해야 하는 낯선 장소다. 그곳에 가야 한다는 두려움이 크다. 대략 아이들 중 40퍼센트는 학교에 가기 싫다고 떼를 쓴다고 한다. 아이들은 그저 "학교 가기 싫어."라고 뭉뚱그려 말할 뿐이지만, 그 안에 숨은 이유는 저마다 다르다.

낯선 환경에 적응하는 시간

유독 낯선 환경에 적응하는 데 어려움을 겪는 아이들이 있다. 게다가 자신을 보호해줄 엄마도 없이 혼자 학교에 가야 한다니 두렵고 싫다. 일본의 유명 감독 호소다 마모루가 만든 〈늑대아이〉라는 애니메이션이 있다. 평범한 여대생 '하나'가 우연히 만난 남자인 늑대 인간을 사랑하게 되고 결국 그가 떠난 후 혼자 힘으로 아이들을 키우는 이야기다. 늑대 인간이 나온다고 하니 판타지나 호러 장르 같아 보이지만 그렇지 않다. 엄마와 아이들의 관계 그리고 성장과 독립을 그린 애니메이션이다. 아빠의 피를 이어받았으니 아이들은 늑대 인간이다. 사람인 엄마와 늑대 인간인 아이들이 함께 살아가는 애니메이션을 보고 있자면, 엄마와 아이들은 이만큼 서로 다른 존재가 아닐까 하는 생각이 든다.

아이들이 자라 딸 유키가 초등학교에 입학할 때가 되었다. 하지만 유키는 학교에서 혹시나 늑대로 변신할까 봐 학교에 가는 걸 불안해한다. 입학식 날 엄마는 딸에게 '오미야게 미쯔, 타코 미쯔_{おみやげみっつ、たこみっつ}'라는 주문을 일러준다. 우리말로 '선물 세 개, 문어 세 마리'라는 뜻이다. 엄마는 이 주문을 외우면 늑대가 되지 않는다고 말해준다. 이 주문이 진짜 효력이 있을 리 없다. 하지만 유키에게는 큰 도움이 된다. 왜냐하면 그건 엄마의 마음이니까.

아이가 학교에 가는 걸 두려워한다면 비슷한 마음을 지닌 아이들의 이야기를 읽어주면 좋겠다. 유키에게 엄마가 일러준 주문처럼 부모가 아이에게 읽어주는 책들은 아이를 안심하게 한다. 엄마의 다정한 품 안에서 책으로 간접 체험을 하다 보면 학교는 상상만큼 두려운 곳은 아닐 테니까.

선생님도 학교 가기 싫다

집에서는 언제나 아이가 최우선이다. 모든 것이 아이 중심으로 돌아간다 해도 과언이 아니다. 학교는 다르다. 내 아이는 30여 명이나 되는 반 아이들 중 한 명일 뿐이다. 선생님은 엄마처럼 늘 한 아이만 보고 있을 수 없다. 하지만 이제 막 학교생활을 시작한 아이들에게 교사는 엄마 같은 중요한 존재다. 초등학교 1학년 아이들은

아홉 살 독서 수업

누구나 교사에게 사랑받고 싶어 한다. 선생님에게 잘 보이고 싶어서 칭찬받을 일을 하려 들고, 사사건건 친구들의 잘못을 선생님에게 이르고, 쉬는 시간이면 선생님 앞에서 얼쩡댄다. 선생님을 향한 아이들의 마음이야 비슷해도 선생님과 관계를 맺는 법은 아이마다 다르다. 아이들마다 타고난 기질도 다르고 자라온 환경과 그동안 친밀한 관계를 맺어온 방식도 다르니 당연한 일이다.

초등학교 교사였던 동화작가 송언은 선생님을 대하는 아이들의 유형을 동물에 빗대어 설명한다. 크게 네 가지 유형으로 분류했다. 첫째는 선생님의 말을 안 들으면 큰일 나는 줄 아는 토끼형이 있다. 둘째는 사랑받고 싶어서 애교를 부리는 강아지형이다. 셋째는 선생님 말을 안 듣고 제멋대로 구는 청개구리형이다. 넷째는 선생님의 말 대신 자기 스타일을 고집하는 두꺼비형이다. 이 중에서 선생님과의 관계를 가장 힘들어하는 건 토끼형이다. 토끼형 친구들은 선생님에게 잘 보이려고 애쓰기 때문에 더 힘들어한다. 선생님이 엄하게 훈육하는 타입일 경우 더 괴롭다.

교사는 아이들의 삶에 커다란 영향을 미친다. 특히 아이의 가능성을 믿어주는 교사를 만날 때 아이의 인생은 기적처럼 달라진다. 지금껏 교사는 존경의 대상이었다. 스승의 그림자도 밟지 않는다는 말도 있지 않은가. 그래서 선생님은 가까이하기에는 무섭고 엄격한 사람이라고 지레짐작한다. 하지만 선생님이라고 무엇이든 잘 아는 것도, 절대 실수를 안 하는 것도 아니다. 겉으로 무서워 보이는 선생님일수록 실은 더 많이 긴장하고 있다는 증거일 수 있다. 선생님다워지려고 애를 쓰느라 가면을 쓰고 있는지도 모른다. 선생님의 인간다운 모습과 마음을 만나면 아이들의 두려움도 조금은 가벼워질 것이다.

 ## 엄마의 손뽀뽀

오드리 펜 글, 루스 하퍼·낸시 리크 그림, 만두 옮김, 스푼북

아기 너구리 체스터는 학교에 가지 않고 엄마랑 집에 있겠다며 훌쩍인다. 엄마 너구리는 체스터를 달래며 '학교에 있어도 집에 있는 것처럼 마음이 편해지는 방법'을 일러준다. 엄마의 엄마의 엄마로부터 내려온 비법이다. 체스터의 손바닥에 뽀뽀를 해주는 일명 '엄마의 손뽀뽀'다. 외로울 때나 엄마가 필요할 때 손바닥을 뺨에 대고 '엄마는 나를 사랑해. 엄마는 나를 사랑해.' 하고 주문을 외운다. 엄마의 손뽀뽀가 체스터의 마음을 따뜻하게 해준다.

아이들은 엄마와 떨어지기 싫어서 학교에 가지 않으려 할 때도 있다. 자신을 사랑하는 믿을 만한 보호자로부터 떨어지는 것 자체가 불안하다. 이럴 때라면 '선물 세 개, 문어 세 마리'도 좋고, '엄마의 손뽀뽀'도 좋다. 아이가 낯선 곳으로 나아갈 준비가 되지 않았다면 사랑하는 사람들이 곁에 있다는 믿음을 심어주는 일이 먼저다. 학교에 입학하는 아이들에게 가장 필요한 준비다.

두근두근 1학년:선생님 사로잡기

송언 글, 서현 그림, 사계절

막 초등학교에 입학한 윤하의 이야기다. 윤하는 눈이 똘망똘망하고 볼이 발그스레한 여자아이다. 초등학교에 입학한 윤하는 선생님에게 사랑받는 아이가 되고 싶다. 하지만 선생님은 호랑이처럼 군다. 대체 어떻게 해야 할지 알 수 없다. 그래서 윤하는 할머니, 아빠, 엄마에게 차례로 비법을 물어본다. "선생님한테 사랑받는 아이가 되려면 어떻게 해야 돼요?" 어른들은 자기가 아는 만큼 이야기해준다. 결국 윤하는 자기만의 방법을 찾는다. 이렇듯 아이들은 저마다 다르고 자기에게 맞는 방법이 따로 있다. 분명한 것은 아이들의 고민에 귀 기울여줄 사람이 필요하다는 점이다.

책의 맨 뒤에는 선생님과 관계를 맺는 아이들의 네 가지 유형이 소개되어 있다. 선생님 말을 있는 그대로 따라하려고 애쓰는 아이가 있는가 하면, 선생님 말을 따르지 않고 자기 생각대로만 하는 아이도 있다. 그림책 속 윤하는 선생님에게 칭찬받고 싶어 하는 강아지형이다. 재미나게 읽고 나서 내 아이가 무슨 유형인지 함께 알아보자. 아이뿐 아니라 초보 학부모에게도 도움이 될 책이다.

학교 가기 싫어!

크리스티네 뇌스틀링거 글그림, 김경연 옮김, 비룡소

크리스티네 뇌스틀링거의 《학교 가기 싫어!》에는 무뚝뚝한 선생님이 나온다. 이제 막 입학한 프란츠는 이런 선생님이 마음에 들지 않는다. 선생님은 아이들에게 "앉아", "조용히 해", "책 꺼내"처럼 명령조로 말할 뿐 칭찬도 하지 않는다. 노인공동주택에 사는 할머니를 만난 프란츠는 선생님 이야기를 모두 털어놓는다. 한데 맙소사, 프란츠는 거기에서 어머니를 만나러 온 담임 선생님을 만난다! 프란츠는 너무 놀라 도망가는데, 프란츠의 할머니는 신참내기 무뚝뚝이 선생님에게 이런 말을 들려준다. '아이들에게 너무 무뚝뚝하게 굴지 말'고, 아이들은 군인이 아니고, 선생님은 별 다섯을 단 장군이 아니라고. 다음 날 선생님은 아이들에게 "앉아!"가 아니라 "여러분, 모두 자리에 앉으세요."라고 말한다. 아이들뿐 아니라 선생님도 실수를 하고 겁을 먹을 수 있다. 하지만 서로 믿는 마음을 잃지 않는 것으로부터 관계는 시작된다.

선생님은 몬스터

피터 브라운 글그림, 서애경 옮김, 사계절

피터 브라운의 《선생님은 몬스터》는 선생님 때문에 전전긍긍하는 토끼형 아이들이 읽으면 좋을 책이다. 주인공 바비는 매일 혼만 내는 괴팍한 커비 선생님 때문에 학교생활이 힘들다. 바비의 눈에 선생님은 '슈렉'처럼 흉측한 초록빛 괴물로 보인다. 학교가 괴로운 바비는 공원의 비밀 기지에 가는 걸 낙으로 삼고 있다. 그런데 거기서 커비 선생님과 딱 마주쳤다. 멋쩍고 무섭고 도망치고 싶지만 선생님이 보고 있어서 그럴 수도 없다. 그야말로 얼음! 하고 얼어버린 기분이다. 바비는 간신히 용기를 내어 "학교 바깥에서 선생님을 만나니까 기분이 진짜 이상해요."라고 말한다. 한데 선생님도 실은 같은 마음이다. 그때 바람이 불어와 선생님의 모자가 날아갔다. 바비와 선생님이 모자를 찾으려 애쓰는 사이 두 사람은 서로를 향한 마음의 문을 조금씩 연다.

그림책의 가장 큰 재미는 선생님의 얼굴이다. 바비와 선생님의 관계가 진전됨에 따라 몬스터 선생님의 모습이 변한다. 선생님도 늘 어여쁜 사람이고 싶지만 천방지축으로 장난치는 아이들과 하루를 보내다 보면 어쩔 수 없을 때가 많았던 것이다.

콩가면 선생님이 웃었다

윤여림 글, 김유대 그림, 천개의바람

윤여림의 《콩가면 선생님이 웃었다》는 선생님과 아이들의 이야기를 옴니버스 식으로 들려준다. 3학년 나반 김신형 선생님은 절대 웃지 않아서 돌가면 선생님으로 불렸다. 선생님은 시집도 안 간 아가씨에게 너무하다며 별명을 바꿔달라 했고 결국 콩가면 선생님이 되었다. 얼굴도 까맣고 머리도 짧은 것이 꼭 콩 같다는 게 아이들의 말이다. 그런데 선생님은 왜 웃지 않을까?

동화는 이 궁금증은 뒤로한 채 콩가면 선생님 반 아이들의 사연을 하나씩 들려준다. 아이들의 이야기가 펼쳐지는 사이에 콩가면 선생님이 어떤 교사인지를 눈치챌 수 있다. 콩가면 선생님은 아이들에게 숙제를 꼭 해야 한다고 닦달하지 않는다. 하지만 짝꿍 바꿔달라는 부탁은 들어주지 않는다. 가지 말라는 곳에 들어간 아이들을 혼내기는커녕 무서운 학교 전설 이야기를 들려준다. 아이들이 모두 싫어하는 반항아 성인이에게 매일 깨끗한 수저를 빌려준다. 콩가면 선생님과 함께 있으면 아이들의 고민거리가 하나둘 풀린다. 아무렇지도 않은 척했지만 선생님은 말썽꾸러기 녀석들을 유심히 살피고 아이들 한 명 한 명에게 적절한 도움을 주기 위해 얼굴이 새까매지도록 고민 중이었던 거다. 그런 선생님의 마음을 만날 수 있는 책이다.

6

친구를 사귀고
함께 노는 일이 서툴러요

유치원이나 학교에 입학하고 나면 아이들에게 친구
가 생긴다. 집에서는 형제자매를 통해, 밖에서는 친구를 통해 아이
들은 사회성을 익힌다. 아이들의 발달 과정에서 일어나는 일들이
그렇듯 친구를 사귄다는 것도 아이들이 컸다는 증거다.

서너 살 무렵 아이들은 함께 모여 있어도 어울려 놀지 않는다.
아이들은 각자 자기 장난감을 가지고 논다. 이를 병렬놀이라고 한
다. 때로 제 장난감을 두고 다른 아이의 장난감을 뺏으려 들어 티
격태격 싸우다 한바탕 울음바다가 되는 일도 허다하다. 이 나이 또
래의 아이들이 아직 함께 놀 줄 모르기 때문에 생기는 일이다. 다

아홉 살 독서 수업

른 사람과 어울리는 걸 배우려면 좀 더 커야 한다. 대개 다섯 살은 되어야 서로 주고받으며 놀고, 초등학교에 입학할 즈음 협동의 개념이 형성된다.

초등학교 입학은 아이들에게 낯선 상황에 적응해야 하는 어려운 일이다. 하지만 학교에 덩그러니 자기만 있는 게 아니라 자신과 비슷한 친구들이 있다는 건 큰 위로가 된다. 물론 입학했다고 모두 친구가 되는 것은 아니다. 처음에 아이들은 같은 반이라고 해도 "애", "걔" 하는 식으로 다른 아이들을 부른다. 그러다 친구라고 인정하면 "주원아!", "은민아!" 하고 이름을 부른다. 아이들은 직감적으로 자신과 어울리는 사람을 알아보고 서로 친구가 된다. 친구를 사귄다는 것은 아이가 그때까지 부모 혹은 가까운 사람과 맺어온 관계를 사회로 넓히는 일이다.

부모보다 친구가 더 중요해지는 시기

아이가 초등학교에 입학한다는 것은 다른 말로 부모가 아니라 친구가 더 중요한 시기로 서서히 넘어간다는 뜻이기도 하다. 그렇다고 해도 어린이들이 친구를 사귀고 우정을 쌓는 일은 간단하지 않다. 또 학년이 올라가며 친구 관계도 변한다. 초등학교 입학부터 시작해서 고등학교 때까지 친구를 맺는 양상은 사뭇 달라진다.

어릴 때 아이들은 남녀 구분 없이 이성 친구와도 스스럼없이 잘 논다. 그러다 초등학교에 입학할 무렵이면 이성 친구랑 노는 아이가 놀림감이 된다. 초등학교 저학년만 되어도 남자아이들은 남자아이들끼리, 여자아이들은 여자아이들끼리 논다. 그나마 초등학교 저학년 때까지는 평화로운 시기다. 아직 친구라는 개념이 느슨하기 때문이다. 같은 반 아이들끼리는 대개 친하고 한데 어울려 논다.

고학년으로 올라가면 사정이 달라진다. 친구 때문에 죽고 사는 시기가 찾아온다. 그전처럼 아이들이 두루두루 친하게 지내는 게 아니라 친한 친구가 생긴다. 다시 말해 단짝 친구라는 개념이 생겨난다. 단짝 친구가 생기니 좋기도 하지만 고민도 깊어진다. 특히 사춘기 무렵의 여자아이들은 그룹을 만드는데, 교사나 부모는 전혀 눈치채지 못하는 복잡 미묘한 문제가 그룹 안에서 생긴다. 여자아이들의 그룹에는 여왕과 이를 따르는 여자아이들이 있기 마련이다. 그룹의 생리는 참으로 미묘해서 여자아이들은 그룹에 속한 친한 친구를 은밀하게 왕따시키는 행동도 서슴지 않는다.

이처럼 학교는 공부만 하는 곳이 아니다. 아이는 학교라는 최소한의 사회에서 친구를 사귀고 관계를 맺고 더불어 살아가는 법을 배운다. 사춘기에 접어든 10대들은 부모의 품에서 벗어나 독립하려는 욕구가 최고조에 달한다. 부모의 빈자리에 친구가 들어서고, 또래 친구가 더할 나위 없이 중요해진다. 그래서 얌전한 아이가 혼자 있으면 절대 하지 않을 행동을 친구들과 함께 있으면 스스럼없이 한다. "우리 아이가 그럴 리가 없다."고 부모가 놀라는 그런 일들이 벌어진다. 모두 친구들과 어울리고 친구로부터 인정받는 것이 가장 중요하기 때문에 생기는 일이다.

어린이·청소년 문학의 영원한 주제가 있다면 그래서 친구일 수밖에 없다. 친구를 쉽게 사귀지 못하는 아이들, 왕따로 고민하는 아이들, 전학을 와서 아직 친구가 없는 아이들의 고민과 슬픔은 무엇과도 비교할 수 없을 만큼 커다란 문제다. 어른들은 친구 때문에 힘들어하는 아이들을 보면 '그까짓 친구 한 명 못 만드나.' 싶을지 모른다. 그러나 어릴 때부터 치열한 경쟁에 놓인 아이들의 친구 관계는 과거와는 다른 차원으로 힘이 든다. 지금 이 시대의 아이들이 겪을 수밖에 없는 이야기를 작가들이 새롭게 들려줘야 하는 이유이기도 하다.

어른이 되고 사회에 나가 직장 생활을 하며 가장 힘이 드는 게 타인과 관계를 맺는 일이다. 직장뿐 아니라 이제 연로하신 부모님과 의사소통도 쉽지 않다. 심지어 아이의 학교에서 만난 엄마들 혹은 같은 아파트 단지에서 만나 친해진 엄마들 사이에도 갈등이 심심치 않게 벌어진다. 이토록 피곤하고 힘든 관계를 맺고 이어가는 일을 아이는 이제 막 시작했다. 그러니 서툴고 힘들어하는 게 당연하다.

친구 사귀기는 먼저 말을 거는 것부터

  일고여덟 살 무렵의 아이들은 아직 친구 관계에서 생기는 갈등이 그리 심각하지는 않다. 다만 낯선 환경에서 친구를 사귀는 것은 힘들고 어려워한다. 이럴 때 함께 보면 좋은 그림책들이 있다. 칼데콧상 영예상을 수상한 크리스 라쉬카의 《친구는 좋아!》이다. 학기 초라면 교사가 아이들과 이 그림책을 가지고 연극을 해봐도 좋겠다. 그림책을 대본 삼아 두 아이가 짝을 지어 역할 놀이를 하기 딱 좋다. 서로 모르는 두 아이가 만났다는 상황만 공유하고 즉흥적으로 대사를 이어가도 재미있다. 친구를 사귈 때 가장 중요한 것은 먼저 "친구 하자."고 말하는 것이다. 이 사실을 최소한의 단어를 이용해 단순하게 보여주는 그림책이다.

  《친구를 사귀는 아주 특별한 방법》도 설정은 다르지만 비슷한 메시지를 전한다. 네빌이란 아이가 이사를 한다. 아이가 갑자기 친구가 단 한 명도 없는 낯선 공간에 뚝 떨어지면 어떻게 될까. 이보다 끔찍한 일은 없다. 그래서 아이들이 가장 힘들어하는 것 중 하나가 전학이다. 네빌의 부모는 아이의 의견을 묻지 않고 아주 멀리 이사를 왔다. 이제 어떻게 될지는 뻔하다. 어른들은 친구 사귀는 것쯤 별것 아니라고 말하지만 아이에게는 그렇지 않다. 친구를 사귀어야 하는 어려움 앞에 처한 아이의 입장을 유머러스하게 그린 책이다.

초등학교에 입학하면 짝이 생긴다. 짝 때문에 생기는 분란도 만만치 않다. 별것 아닌 일로 짝이랑 싸우는 일이 다반사다. 《짝꿍 바꿔 주세요!》에 등장하는 민지와 민준이처럼 말이다.

이처럼 친구 사이만이 아니라 모든 관계에서 갈등은 필연이다. 친구가 좋고 고마울 때도 많지만 친구가 밉고 서운할 때도 있다. 그래서 싸움도 한다. 아이들에게 무조건 친구와 싸우지 말라고 하는 것은 불가능하다. 세상에 갈등이 없는 완벽한 관계는 있을 수 없기 때문이다. 갈등을 피하기보다는 만약 갈등이 생겼더라도 이를 풀고 다시 관계를 맺는 법을 배우고 익히도록 도와야 한다. 이 과정을 책을 통해 배울 수 있다. 친구에게 잘못했다면 민준이처럼 "미안해!"라고 진심으로 말하면 된다. 이걸 배우지 못했기에 이 세상에는 이토록 자신의 잘못을 인정하지 않고, 사과할 줄 모르는 사람들이 많은 것이다.

 친구를 사귀는 아주 특별한 방법

노튼 저스터 글, G. 브라이언 카라스 그림, 천미나 옮김, 책과콩나무

이사를 와서 친구가 한 명도 없는 상황이 네빌은 너무 끔찍하다. 풀이 죽은 아이를 엄마가 달래본다. "동네를 조금 돌아다녀보면 어떨까. 누군가를 만날지도 모르잖니." 그렇게 아이는 집을 나선다. 낯선 거리를 걷던 아이는 갑자기 모퉁이에 서서 큰 소리로 "네빌~" 하고 외친다. 계속 소리를 지르자 낯모르는 아이가 옆에 멈추어 선다. 목소리가 작은 것 같다며 함께 "네빌~" 하고 외쳐준다. 이 소리를 듣고 아이들이 하나둘 모인다. 모두가 "네빌~" 하며 외쳤다. 잠시 소리 지르기를 멈춘 아이들은 궁금해한다. 대체 네빌은 어떤 아이고, 어떻게 생겼고, 언제 이사를 왔는지 묻자 네빌은 친절하게 대답한다.

네빌에 관한 이야기를 하다 보니 아이들은 만나기도 전에 네빌이 좋아졌다. 저녁 어스름이 내려 각자 집으로 돌아가며 내일 또 도와주겠다고 약속한다. 결국 엄마 말이 맞긴 맞았다. 친구를 사귀려면 집이 아니라 집 밖으로 나가야 한다.

친구는 좋아!

크리스 라쉬카 글그림, 이상희 옮김, 다산기획

친구를 사귀려면 네빌처럼 자기 이름이라도 큰 소리로 불러야 한다. 마음에 드는 아이를 만나면 "야?" 하고 불러 세우기라도 해야 한다.

힙합 스타일로 옷을 입은 흑인 아이가 잘 차려입은 백인 아이를 "야!" 하고 부른다. 둘은 모르는 사이다. 흑인 아이는 백인 아이에게 "잘 지내냐?"고 묻는다. 백인 아이는 재미없다고 대답한다. 친구가 없기 때문이다. 마침 혼자였던 흑인 아이는 그럼 자기와 친구하자고 제안한다. 세상에나! 이렇게 간단하게 친구가 되는 거였어! 최소한의 말만 사용했지만 아이들의 표정이나 몸동작에서 감정을 세밀하게 읽을 수 있는 책이다. 친구를 사귀는 데 가장 중요한 자세는 무얼까. 《친구는 좋아!》는 말한다. 먼저 말하라고. 표현하지 않는 마음은 보이지 않는다고.

 짝꿍 바꿔 주세요!

다케다 미호 글그림, 고향옥 옮김, 웅진주니어

민지의 짝꿍 민준이는 책상에 금을 그어놓고 "넘어오지 마!" 하고 민지를 째려본다. 지우개 가루가 조금만 떨어져도 의자를 꽝 찬다. 민준이는 민지의 행동을 선생님에게 사사건건 고자질한다. 급기야 민준이가 민지의 분홍 연필을 부러뜨린 날, 둘은 싸운다.

다음 날 민지는 학교에 가야 하는데 민준이가 또 트집을 잡을까 봐 걱정이 된다. 하지만 그날 민준이는 교문 앞에서 민지를 기다렸다가 말한다. "미안해." 그때까지 그림책 속에 민준이는 공룡으로 그려져 있었다. 민준이가 사과를 하고 민지의 부러진 연필을 테이프로 감아 돌려주자, 비로소 민준이는 또래의 남자아이로 그려진다. 공룡은 그때까지 민지가 느낀 민준이의 모습일 테다. 아이들 사이의 갈등을 해소하는 법을 보여주는 귀여운 그림책이다.

화요일의 두꺼비

러셀 에릭슨 글, 김종도 그림, 햇살과나무꾼 옮김, 사계절

'친구'에 관해 더 깊게 생각할 수 있도록 이끄는 동화다. 두꺼비 워턴은 맛있는 딱정벌레 과자를 고모에게 가져다주려고 나섰다가 발을 다치고 천적인 올빼미에게 잡힌다. 여섯 밤이 지나 화요일이 되면 올빼미의 생일이다. 그날 올빼미는 워턴을 잡아먹을 예정이다. 하지만 워턴은 청소를 하고, 차를 끓이고 올빼미에게 말을 건다. 처음에는 시큰둥하던 올빼미는 차츰 차를 마시며 누군가와 이야기를 나눈다는 것이 얼마나 즐거운지를 알아간다. 아이들은 이 동화를 읽으며 우정을 쌓아가는 과정을 대리 체험하고 배울 수 있다. 읽고 난 후 천적인 두 동물이 어떻게 친구가 되었는지 혹은 이렇게 서로 다른 성격이나 처지인 친구가 있는지도 이야기해보자.

아홉 살 독서 수업

친구에게

김윤정 글그림, 국민서관

눈에 보이지 않는 우정을 보여주는 책이다. 투명한 OHP 필름을 이용하여 외떨어져 살아가는 두 사람이 어떻게 마음을 나누고 서로에게 힘이 되어주고 함께 할 수 있는지를 형상화하고 있다.

소년은 빈 컵을 앞에 두고 있다. 하지만 페이지를 넘기면 소녀가 나누어준 물을 받을 수 있다. "목이 마를 때 물이 없다고 슬퍼하지 마. 내 물을 나누어 줄게."라는 우정의 말이 투명한 필름을 통해 마법처럼 실제로 이뤄진다. 페이지를 넘길 때마다 탄성이 일어나는 이 책은 친구 되기를 연습할 수 있는 최고의 그림책이다. 아이들은 물론이고 어른들이 더 좋아하는 그림책이다.

부록

7~9세를 위한
상황별
맞춤 도서 목록

아이마다 독서력의 차이가 있다. 아직 읽기가 서툰 아이라면
저학년이라도 글이 많지 않은 그림책 읽어주기부터 시작하는 것이
맞다. 반면 관심 분야라면 아이의 학년보다 높은 수준의 책을
읽어도 좋다. 아이의 읽기 수준 혹은 관심사에 따라 읽어야
할 책은 달라져야 한다. 이런 이유로 그림책부터
초등 3~4학년이 읽을 만한 책들까지 함께 소개한다.

제목	지은이	출판사	출판연도	권장연령

■ 동화를 처음 시작할 때 읽기 좋은 책

아이들의 생생한 생활이 담긴 저학년 동화

제목	지은이	출판사	출판연도	권장연령
언제나 칭찬	류호선 글, 박정섭 그림	사계절	2017	초 1
화해하기 보고서	심윤경 글, 윤정주 그림	사계절	2011	초 1~2
멋지다 썩은 떡	송언 글, 윤정주 그림	문학동네어린이	2007	초 1~2
잘한다 오광명	송언 글, 윤정주 그림	문학동네어린이	2008	초 1~2
나도 예민할 거야	유은실 글, 김유대 그림	사계절	2013	초 1~2
쿵푸 아니고 똥푸	차영아 글, 한지선 그림	문학동네어린이	2017	초 1~2

이야기의 기승전결 구조를 익힐 수 있는 책

제목	지은이	출판사	출판연도	권장연령
녹슨 못이 된 솔로몬	윌리엄 스타이그 글그림, 김경미 옮김	비룡소	2018	5~8세
이 고쳐 선생과 이빨투성이 괴물	롭 루이스 글그림, 김영진 옮김	시공주니어	2001	7~8세
삼백이의 칠일장 1~2	천효정 글, 최미란 그림	문학동네어린이	2014	초 1~2
뼹이오, 뼹	김리리 글, 오정택 그림	문학동네어린이	2011	초 2~3
만복이네 떡집	김리리 글, 이승현 그림	비룡소	2010	초 3~4

주인공과 배경이 동일한 챕터북 시리즈

머리에 이가 있대요	베아트리스 루에 글, 로지 그림, 최윤정 옮김	비룡소	2000	초 1
수학은 너무 어려워	베아트리스 루에 글, 로지 그림, 최윤정 옮김	비룡소	1996	초 1
프란츠의 방학 이야기	크리스티네 뇌스틀링거 글그림, 김경연 옮김	비룡소	2000	초 1~2
사내대장부	크리스티네 뇌스틀링거 글그림, 김경연 옮김	비룡소	2000	초 1~2
엄마는 거짓말쟁이	김리리 글, 한지예 그림	다림	2003	초 1~2
나는 꿈이 너무 많아	김리리 글, 한지예 그림	다림	2007	초 1~2
라모나는 아빠를 사랑해	비벌리 클리어리 글, 트레이시 도 클레이 그림, 김난령 옮김	열린어린이	2009	초 3~4
라모나는 아무도 못 말려	비벌리 클리어리 글, 트레이시 도 클레이 그림, 김난령 옮김	열린어린이	2009	초 3~4

영화로 만들어져 줄거리를 파악하기 좋은 책

눈사람 아저씨	레이먼드 브리그스 글그림	마루벌	1997	4~7세
슈렉	윌리엄 스타이그 글그림, 조은수 옮김	비룡소	2001	4~7세
멋진 여우씨	로알드 달 글, 퀸틴 블레이크 그림, 햇살과나무꾼 옮김	논장	2017	초 2~3
생쥐 기사 데스페로	케이트 디카밀로 글, 티모시 바질 에링 그림, 김경미 옮김	비룡소	2004	초 3~4
내 친구 꼬마 거인	로알드 달 글, 퀸틴 블레이크 그림, 지혜원 옮김	시공주니어	2016	초 3~4
찰리와 초콜릿 공장	로알드 달 글, 퀸틴 블레이크 그림, 지혜원 옮김	시공주니어	2019 (개정)	초 3~4
마틸다	로알드 달 글, 퀸틴 블레이크 그림, 김난령 옮김	시공주니어	2018 (개정)	초 3~4
샬롯의 거미줄	E. B. 화이트 글, 가스 윌리엄즈 그림, 김화곤 옮김	시공주니어	2000	초 3~4

해리포터와 마법사의 돌	조앤 K. 롤링 지음, 김혜원 옮김	문학수첩	2014 (개정)	초 4~6
구덩이	루이스 새커 지음, 김영선 옮김	창비	2007	초 5~
힐다의 모험 1~4	루크 피어슨 지음, 이수영 옮김	찰리북	2018	초등전학년

② 책 읽기에 흥미를 느끼게 해줄 재미있는 책

그대로 따라하면 놀이가 되는 책

아빠와 피자놀이	윌리엄 스타이그 글그림, 김경미 옮김	비룡소	2018 (개정)	4~7세
까만 크레파스	나카야 미와 글그림, 김난주 옮김	웅진주니어	2002	4~7세
손바닥 동물원	한태희 글그림	예림당	2002	4~7세
꼬마 여우	니콜라 구니 글그림, 명혜권 옮김	여유당	2018	4~7세
숲 속 재봉사의 꽃잎 드레스	최향랑 글그림	창비	2016	4~7세
아이스크림 똥	김윤정 글그림	살림어린이	2013	4~7세

아이들이 가장 좋아하는 똥과 방귀 이야기

똥자루 굴러간다	김윤정 글그림	국민서관	2010	4~7세
대단한 오줌싸개 대장	로버트 먼치 글, 마이클 마르첸코 그림, 김은영 옮김	다산기획	2018	4~7세
누가 내 머리에 똥 쌌어?	베르너 홀츠바르트 글, 볼프 예를브루흐 그림	사계절	2002	4~7세
노랑각시 방귀소동	김순이 글, 윤정주 그림	길벗어린이	2013	4~7세
방귀대장 조	캐슬린 크럴·폴 브루어 글, 보리스 쿨리코프 그림, 김난령 옮김	다산기획	2016	6~8세
방귀 만세	후쿠다 이와오 글그림, 김난주 옮김	아이세움	2001	초 1~2
똥벼락	김회경 글, 조혜란 그림	사계절	2001	초 1~3

운동 좋아하는 아이들이 공감할 수 있는 책

축구 생각	김옥 글, 윤정주 그림	창비	2004	**초 1~2**
소리 질러, 운동장	진형민 글, 이한솔 그림	창비	2015	**초 3~4**
생각하는 야구 교과서	스포츠문화연구소 글, 이창우 그림	휴먼어린이	2016	**초 4~6**
마이볼	유준재 글그림	문학동네어린이	2011	**초등전학년**

속 깊은 이야기가 담긴 만화책

귀신 선생님과 진짜 아이들	남동윤 지음	사계절	2017	**초 1~3**
귀신 선생님과 오싹오싹 귀신 학교	남동윤 지음	사계절	2019	**초 1~3**
씨스터즈	레이나 텔게마이어 글그림, 권혁 옮김	돌을새김	2015	**초 1~3**
13층 나무 집	앤디 그리피스 글, 테리 덴톤 그림, 신수진 옮김	시공주니어	2015	**초 2~4**
진짜 친구	샤넌 헤일 글, 르윈 팸 그림, 고정아 옮김	다산기획	2018	**초 3~4**
엘 데포	시시 벨 글그림, 고정아 옮김	밝은미래	2016	**초 3~4**
스마일	레이나 텔게마이어 글그림, 원지인 옮김	보물창고	2019	**초 3~4**

오싹오싹 무서운 이야기

여우누이	김성민 글그림	사계절	2005	**4~7세**
제랄다와 거인	토미 웅거러 글그림, 김경연 옮김	비룡소	2000	**4~7세**
오싹오싹 당근	애런 레이놀즈 글, 피터 브라운 그림, 홍연미 옮김	주니어RHK	2013	**4~7세**
오싹오싹 팬티!	애런 레이놀즈 글, 피터 브라운 그림, 홍연미 옮김	토토북	2018	**4~7세**
너무너무 무서울 때 읽는 책	에밀리 젠킨스 글, 염혜원 그림, 김지은 옮김	창비	2017	**4~7세**

추리와 모험을 좋아하는 아이에게

추리 천재 엉덩이 탐정	트롤 글그림, 김정화 옮김	아이세움	2016	**초 1~2**
명탐정 티미 1~4	스테판 파스티스 글그림, 지혜연 옮김	시공주니어	2013	**초 3~4**
벤저민 프랫, 학교를 지켜라 1~5	앤드류 클레먼츠 글, 애덤 스토어 그림, 홍연미 옮김	열린어린이	2013	**초 3~6**
코드네임 시리즈	강경수 글그림	시공주니어	2017	**초 3~6**

③ 좋고 싫고 기쁘고 슬픈 마음을 배우는 책

혼자 하기가 겁날 때

이슬이의 첫 심부름	쓰쓰이 요리코 글, 하야시 아키코 그림, 이영준 옮김	한림출판사	1991	**4~7세**
지하철을 타고서	고대영 글, 김영진 글그림	길벗어린이	2006	**5~8세**
당나귀 실베스터와 요술 조약돌	윌리엄 스타이그 글그림, 이상경 옮김	다산기획	1994	**5~8세**
겁보 만보	김유 글, 최미란 그림	책읽는곰	2015	**초 1~2**

감정을 제대로 표현하기

화난 책	세드릭 라마디에 글, 뱅상 부르고 그림, 조연진 옮김	길벗어린이	2017	**3~6세**
블랙 독	레비 핀폴드 글그림, 천미나 옮김	북스토리아이	2013	**4~9세**
아홉 살 마음 사전	박성우 글, 김효은 그림	창비	2017	**초 2~3**
나를 표현하는 열두 가지 감정	임성관 글, 강은옥 그림	책속물고기	2018	**초 3~4**
생쥐 기사 데스페로	케이트 디카밀로 글, 티모시 바질 에링 그림, 김경미 옮김	비룡소	2004	**초 3~5**

거짓말하는 아이들의 속마음을 엿보는 책

거짓말	고대영 지음, 김영진 그림	길벗어린이	2009	**4~8세**

아홉 살 독서 수업

들키고 싶은 비밀	황선미 글, 김유대 그림	창비	2001	초 1~2
파스칼의 실수	플로랑스 세이보스 글, 미셸 게 그림, 최윤정 옮김	비룡소	1997	초 1~2
거짓말쟁이 천재	울프 스타르크 글, 히다 코시로 그림, 햇살과나무꾼 옮김	크레용하우스	2000	초 1~2
빨간 매미	후쿠다 이와오 글그림, 한영 옮김	책읽는곰	2008	초 1~2
투덜이 빈스의 어느 특별한 날	제니퍼 홀름 글그림, 김경미 옮김	다산기획	2017	초 3~4

엄마에 대한 두 가지 감정

고함쟁이 엄마	유타 바우어 글그림, 이현정 옮김	비룡소	2005	4~8세
엄마 말 안 들으면… 흰긴수염고래 데려온다!	맥 바네트 글, 애덤 렉스 그림, 장미란 옮김	다산기획	2010	5~8세
엄마가 미운 밤	다카도노 호코 글, 오카모토 준 그림, 김소연 옮김	천개의바람	2017	5~8세
엄마 사용법	김성진 글, 김중석 그림	창비	2012	초 1~2
엄마가 정말 좋아요	미야니시 다쓰야 글그림, 이기웅 옮김	길벗어린이	2015	5~8세
엄마는 언제 날 사랑해?	아스트리드 데보르드 글, 폴린 마르탱 그림, 박선주 옮김	토토북	2016	5~8세
마법의 설탕 두 조각	미하엘 엔데 글, 진드라 케펙 그림, 유혜자 옮김	소년한길	2001	초 3~4

4 학교생활 잘하고 싶을 때

학교 가기 싫을 때

난 학교 가기 싫어	로렌 차일드 글그림, 조은수 옮김	국민서관	2003	7~8세
엄마의 손뽀뽀	오드리 펜 글, 루스 하퍼 외 그림, 만두 옮김	스푼북	2018 (개정)	7~8세
두근두근 1학년: 선생님 사로잡기	송언 글, 서현 그림	사계절	2014	7~8세
학교 가기 싫어!	크리스티네 뇌스트링거 글그림, 김경연 옮김	비룡소	2000	초 1~2

학교 가는 날	송언 글, 김동수 그림	보림	2011	초 1~2

선생님과 친해지는 책

선생님은 몬스터!	피터 브라운 글그림, 서애경 옮김	사계절	2015	7~8세
칠판 앞에 나가기 싫어	다니엘 포세트 글, 베로니크 보아리 그림, 최윤정 옮김	비룡소	1997	초 1~2
선생님, 기억하세요?	데보라 홉킨슨 글, 낸시 카펜터 그림, 길상효 옮김	씨드북	2017	초 1~2
들꽃 아이	임길택 글, 김동성 그림	길벗어린이	2008	초 3~4
콩가면 선생님이 웃었다	윤여림 글, 김유대 그림	천개의바람	2016	초 3~4

친구와 잘 지내고 싶을 때

친구는 좋아!	크리스 라쉬카 글그림, 이상희 옮김	다산기획	2007	4~7세
친구를 사귀는 아주 특별한 방법	노튼 저스터 글, G. 브라이언 카라스 그림, 천미나 옮김	책과콩나무	2012	초 1~2
짝꿍 바꿔 주세요!	다케다 미호 글그림, 고향옥 옮김	웅진주니어	2007	초 1~2
화요일의 두꺼비	러셀 에릭슨 글그림, 김종도 그림, 햇살과나무꾼 옮김	사계절	2014	초 1~2

5 호기심 많은 아이에게 알맞은 과학책

봄 이야기

아기너구리네 봄 맞이	권정생 글, 송진헌 그림	길벗어린이	2001	5~8세
세상의 많고 많은 초록들	로라 바카로 시거 글그림, 김은영 옮김	다산기획	2014	5~8세
살랑살랑 봄바람이 인사해요	김은경 글그림	시공주니어	2014	5~8세
봄이다!	줄리 폴리아노 글, 에린 E. 스테드 그림, 이예원 옮김	별천지	2012	초 1~2

과학의 세계를 엿볼 수 있는 책

'과학의 씨앗'시리즈(전 10권)	박정선 글, 이수진 외 그림	비룡소	2008	5~8세
별이 된 라이카	박병철 글, 신슬기 그림	한솔수북	2018	초 1~2
나는 3학년 2반 7번 애벌레	김원아 글, 이주희 그림	창비	2016	초 1~3
열네 번째 금붕어	제니퍼 홀름 글그림, 최지현 옮김	다산기획	2015	초 4~6
세 번째 버섯	제니퍼 홀름 글그림, 김경미 옮김	다산기획	2019	초 4~6
시간의 주름	매들렌 렝글 글, 오성봉 그림, 최순희 옮김	문학과지성사	2001	초 4~6

6 책에 한 걸음 더 가까워지는 책

도서관 가는 일이 즐거워지는 책

도서관에 간 사자	미셸 누드슨 글, 케빈 호크스 그림, 홍연미 옮김	웅진주니어	2007	5~7세
무어 사서 선생님과 어린이도서관에 갈래요!	잰 핀버러 글, 데비 애트웰 그림, 서남희 옮김	다산기획	2016	초 2~4
도서관에 가지 마, 절대로	오언 콜퍼 글, 토니 로스 그림, 이윤선 옮김	국민서관	2006	초 3~4
맑은 날엔 도서관에 가자	미도리카와 세이지 글, 미야지마 야스코 그림, 햇살과나무꾼 옮김	책과콩나무	2009	초 4~6

서점 나들이 전에 읽으면 좋은 책

도토리 마을의 서점	나카야 미와 글그림, 김난주 옮김	웅진주니어	2016	4~7세
프랭클린의 날아다니는 책방	잰 캠벨 글, 케이티 하네트 그림, 홍연미 옮김	달리	2018	6~9세
나의 린드그렌 선생님	유은실 글, 권사우 그림	창비	2005	초 3~4
있으려나 서점	요시타케 신스케 글그림, 고향옥 옮김	온다	2018	초등전학년

책벌레들의 이야기				
그래, 책이야!	레인 스미스 글그림, 김경연 옮김	문학동네	2011	5~7세
돼지 루퍼스, 학교에 가다	킴 그리스웰 글, 발레리 고르바초프 그림, 김유진 옮김	국민서관	2014	4~7세
처음 가진 열쇠	황선미 글, 신민재 그림	웅진주니어	2006	초 3~4
헨쇼 선생님께	비벌리 클리어리 글, 이승민 그림, 선우미정 옮김	보림	2005	초 4~5
루저 클럽	앤드루 클레먼츠 글, 불키드 그림, 김선희 옮김	웅진주니어	2019	초 4~5

7 내가 원하는 것을 찾아가는 이야기

나는 누구일까				
아주 특별한 내 이름	셔먼 알렉시 글, 유이 모라레스 그림, 노은정 옮김	다산기획	2017	5~7세
나	다니카와 슌타로 글, 초 신타 그림, 엄혜숙 옮김	한림출판사	2011	5~8세
이게 정말 나일까?	요시타케 신스케 글그림, 김소연 옮김	주니어김영사	2015	초 1~2

일과 직업에 관한 호기심을 부르는 인물 이야기				
'일과 사람' 시리즈(전20권)	이혜란 외 지음	사계절	2010	초 1~3
선생님, 바보 의사 선생님	이상희 글, 김명길 그림	웅진주니어	2006	초 1~2
피어나다	쿄 매클리어 글, 줄리 모스태드 그림, 윤정숙 옮김	봄의정원	2018	초 1~2
행복을 주는 요리사	쿄 매클리어 글, 줄리 모스태드 그림, 김선희 옮김	봄의정원	2018	초 1~2
진실을 보는 눈	바브 로젠스톡 글, 제라드 뒤부아 그림, 김배경 옮김	책속물고기	2017	초 2~4
세상을 뒤흔든 31인의 바보들	장 베르나르 푸이 외 글, 세르주 블로크 그림, 윤미연 옮김	녹색지팡이	2007	초 2~3

코코의 리틀 블랙 드레스	안너마리 반 해링언 글그림, 신석순 옮김	톡	2016	초 1~2
루이 브라이	마가렛 데이비슨 글, 자넷 컴페어 그림, 이양숙 옮김	다산기획	1999	초 3~4

8 읽고 쓰는 일이 어려울 때 도움을 주는 책

받아쓰기 때문에 골치가 아프다면

왜 띄어 써야 돼?	박규빈 글그림	길벗어린이	2016	7~9세
왜 맞춤법에 맞게 써야 돼?	박규빈 글그림	길벗어린이	2017	7~9세
닮은 듯 다른 교과서 속 우리말 1~2학년군	정유소영 글, 현태준 그림	시공주니어	2015	초 1~2
초등학생을 위한 맨 처음 어휘 맞춤법 띄어쓰기	김영주 글, 김소희 그림	휴먼어린이	2017	초 1~2

일기 쓸 때마다 괴롭다면

일기 쓰고 싶은 날	타쿠시 니시카타 글그림, 김소연 옮김	천개의바람	2011	7~9세
일기 쓰기 딱 좋은 날	정신 글, 홍수영 그림	시공주니어	2017	초 1~2
일기 감추는 날	황선미 글, 조미자 그림	이마주	2018	초 1~2
아홉 살 마음 사전	박성우 글, 김효은 그림	창비	2017	초 2~3

노래처럼 동시를 익히기

딱지 따먹기	초등학교 아이들 글, 백창우 곡, 강우근 그림	보리	2002	초등전학년
쉬는 시간 언제 오냐	전국초등학교국어교과모임 편집, 박세연 그림	휴먼어린이	2012	초등전학년
라면 맛있게 먹는 법	권오삼 글, 윤지회 그림	문학동네어린이	2015	초등전학년
아니, 방귀 뽕나무	김은영 글, 정성화 그림	사계절	2015	초등전학년
어이없는 놈	김개미 글, 오정택 그림	문학동네어린이	2013	초등전학년

내 맘처럼	최종득 글, 지연준 그림	열린어린이	2017	**초등전학년**

🠒 내가 사는 세상의 이야기

처음 만나는 우리 역사 이야기				
단군신화	이형구 글, 홍성찬 그림	보림	2007	**4~8세**
고구려를 세운 영웅, 주몽	김향금 글, 김동성 그림	웅진주니어	2009	**4~8세**
매호의 옷감	김해원 글, 김진이 그림	창비	2011	**초 1~2**
여기는 한양도성이야	김향금 글, 문종훈 그림	사계절	2016	**초 1~2**
맹꽁이 서당 1~15	윤승운 지음	웅진주니어	2005	**초등전학년**

내가 사는 곳이 궁금할 때				
세상을 담은 그림, 지도	김향금 글, 최숙희 그림	보림	2004	**5~7세**
백두에서 한라까지 우리나라 지도 여행	조지욱 글, 신지수 그림	사계절	2015	**초 1~2**
코끼리 똥으로 종이를 만든 나라는?	마르티나 바트슈투버 글그림, 임정은 옮김	시공주니어	2009	**7~9세**
우리 가족이 살아온 동네 이야기	김향금 글, 김재홍 그림	열린어린이	2011	**초 1~2**
이선비, 한양에 가다	세계로 글, 이우창 그림	아이세움	2010	**초 2~3**
신나는 열두 달 명절 이야기	우리누리 글, 김병하 그림	주니어중앙	2010	**초 1~2**
그림책으로 만나는 우리의 세계 유산 시리즈	장정룡 외 글, 정소영 외 그림	열린어린이	2014	**초 1~2**

함께 만드는 아름다운 세상, 배려				
행복을 나르는 버스	맷 데 라 페냐 글, 크리스티안 로빈슨 그림, 김경미 옮김	비룡소	2016	**초 1~2**
거리에 핀 꽃	존아노 로슨 기획, 시드니 스미스 그림	국민서관	2015	**초 1~2**

아홉 살 독서 수업

약속	니콜라 데이비스 글, 로라 칼린 그림, 서애경 옮김	사계절	2015	**초등전학년**
리디아의 정원	사라 스튜어트 글, 데이비드 스몰 그림, 이복희 옮김	시공주니어	2017 (개정)	초 1~2
에이드리언 심콕스는 말이 없다	마시 캠벨 글, 코리나 루이켄 그림, 김경미 옮김	다산기획	2019	초 1~2

10 성에 대한 올바른 인식

초등 저학년을 위한 성교육

아름다운 탄생 아이와 사랑	아녜스 로젠스티엘 글그림, 손수정 옮김	걸음동무	2014	5~9세
내 몸은 나의 것	린다 월부어드 지라드 글, 로드 니 페이트 그림, 권수현 옮김	문학동네	2007	5~9세
슬픈 란돌린	카트린 마이어 글, 아네트 블라 이 그림, 허수경 옮김	문학동네어린이	2003	5~9세
좋아서 껴안았는데, 왜?	이현혜 글, 이효실 그림	천개의바람	2015	초 1-2

여성의 이야기

종이 봉지 공주	로버트 먼치 글, 마이클 마르첸 코 그림, 김태희 옮김	비룡소	1998	5~7세
치마를 입어야지, 아멜리아 블루머!	섀너 코리 글, 체슬리 맥라렌 그 림, 김서정 옮김	아이세움	2003	초 1~2
산딸기 크림봉봉	에밀리 젠킨스 글, 소피 블래콜 그림, 길상효 옮김	씨드북	2016	초 1~2
바보처럼 잠만 자는 공주라니!	이경혜 글, 박아름 그림	바람의 아이들	2008	초 3~4

참고도서

교실 심리 김현수, 에듀니티, 2019

그림책으로 읽는 아이들 마음 서천석, 창비, 2015

글쓰기 홈스쿨 고경태·고준석·고은서, 한겨레출판, 2011

김대식의 인간 vs 기계 김대식 지음, 동아시아, 2016

나는 1학년 담임입니다 송주현, 낮은산, 2016

나미야 잡화점의 기적 히가시노 게이고, 양윤옥 옮김, 현대문학, 2012

나의 슬기로운 감정생활 이동환, 비즈니스북스, 2018

나의 직업 우리의 미래 이범, 창비, 2018

난 무서운 늑대라구! 베키 블룸 글, 파스칼 비에 그림, 아기장수의 날개 옮김, 고슴도치, 1999

날아오르는 호랑이처럼 케이트 디카밀로, 햇살과나무꾼 옮김, 개암나무, 2007

독서 교육, 어떻게 할까? 김은하, ㈜학교도서관저널, 2014

두 살에서 다섯 살까지 코르네이 추콥스키, 홍한별 옮김, 양철북, 2006

몰입의 즐거움 미하이 칙센트미하이, 이희재 옮김, 해냄, 2007

무라카미 하루키 잡문집 무라카미 하루키, 이영미 옮김, 비채, 2011

베이비 브레인 존 메디나, 최성애 옮김, 프런티어, 2011

선생님, 기억하세요? 데보라 홉킨슨 글, 낸시 카펜터 그림, 길상효 옮김, 씨드북(주), 2017

소녀들의 심리학 레이첼 시먼스, 정연희 옮김, 양철북, 2011

어린이책 읽는 법 김소영, 유유, 2017

엄마의 빈틈이 아이를 키운다 하지현, 푸른숲, 2014

열두 발자국 정재승, 어크로스, 2018

영국의 독서 교육 김은하, 대교출판, 2009

영어 그림책의 기적 전은주. 북하우스, 2017

영화로 읽는 정신분석 김서영, 은행나무, 2014

옛이야기의 매력 1, 2 브루노 베텔하임, 김옥순·주옥 옮김, 시공주니어, 1998

이야기 넘치는 교실 온작품 읽기 전국초등국어교과모임, 도서출판 북멘토, 2016

아홉 살 독서 수업

우리 아이 괜찮아요 서천석, 예담Friend, 2014

잠수네 초등1, 2학년 공부법 이신애, 알에이치코리아(RHK), 2019(개정)

좋은 엄마가 스마트폰을 이긴다 깨끗한미디어를위한교사운동. 맘에드림, 2013

지금 독립하는 중입니다 하지현, 창비, 2017

책 읽는 뇌 매리언 울프, 이희수 옮김, 살림, 2009

책마을로 가는 열린어린이 독서교실(전 7권) 김원숙 외. 열린어린이, 2013

책으로 노는 집 김청연·최화진, 푸른지식, 2012

책으로 크는 아이들 백화현, 우리교육, 2010

천재 이야기꾼 로알드 달 도널드 스터록, 지혜연 옮김, 다산기획, 2012

책을 사랑하는 아이로 키우기 앨리슨 데이비드, 이주혜 옮김, 좋은꿈, 2019

천천히 깊게 읽는 즐거움 이토 우지다카, 이수경 옮김, 21세기북스, 2012

크라센의 읽기 혁명 스티븐 크라센, 조경숙 옮김, 르네상스, 2013

에듀넷·티-클리어 www.edunet.net

아홉 살 독서 수업

초판 1쇄 발행 2019년 7월 30일
초판 7쇄 발행 2024년 3월 15일

지은이 한미화
발행인 김형보
편집 최윤경, 강태영, 임재희, 홍민기, 박찬재, 강민영
마케팅 이연실, 이다영, 송신아 **디자인** 송은비 **경영지원** 최윤영

발행처 어크로스출판그룹(주)
출판신고 2018년 12월 20일 제 2018-000339호
주소 서울시 마포구 양화로10길 50 마이빌딩 3층
전화 070-5080-4037(편집) 070-8724-5877(영업) **팩스** 02-6085-7676
이메일 across@acrossbook.com **홈페이지** www.acrossbook.com

ⓒ 한미화 2019

ISBN 979-11-90030-13-7 03370

만든 사람들
편집 최윤경 **교정** 안덕희 **표지디자인** [★]규 **본문디자인** 명희경